ECke

ro
ro
ro

William Wahl nennt in diesem für werdende Eltern unverzichtbaren Ratgeber die schlimmsten Namenssünden, die man seinem Nachwuchs antun kann. Dabei warnt er nicht nur vor Modenamen, sondern auch vor etymologischen Unglücksfällen, historischen No-Gos und assoziativen Super-GAUs. Er nimmt sowohl klassische Namen wie Alexander ins Visier als auch eher ausgefallene wie Oldenburgia. In informativen Exkursen geht William Wahl überdies auf die Problematik des Bindestriches und das Phänomen des Chantalismus ein und erklärt unter anderem, was man von den Guttenbergs hinsichtlich der Maximierung von Vornamen lernen kann. Zahlreiche Listen warnen vor den dämlichsten friesischen Vornamen, den geschmacklosesten Vornamen deutscher Promibabys und vielen mehr.

William Wahl, Jahrgang 1973, studierte Musik in Köln und Berlin und ist seit 1998 mit dem A-cappella-Ensemble Basta aktiv. 2012 erschien seine erste Solo-CD «Wie schön wir waren».

WILLIAM WAHL

ERNST BEISEITE!

500 NAMEN, DIE SIE IHREM KIND
besser nicht GEBEN SOLLTEN

Rowohlt Taschenbuch Verlag

Originalausgabe

Veröffentlicht im Rowohlt Taschenbuch Verlag,
Reinbek bei Hamburg, Mai 2013
Copyright © 2013 by Rowohlt Verlag GmbH,
Reinbek bei Hamburg
Umschlaggestaltung und Illustration
Änni Perner / Konzepte & Gestaltung
Illustrationen im Innenteil
Änni Perner / Konzepte & Gestaltung
Satz aus DTL Documenta und Prokyon (PageOne)
bei Dörlemann Satz, Lemförde
Druck und Bindung CPI – Clausen & Bosse, Leck
Printed in Germany
ISBN 978 3 499 63040 8

Für Marie-Charlotte und Jürgen

Ein altes Sprichwort sagt: Nomen est omen, der Name ist ein Zeichen. Aus gutem Grund ist dieses lateinische Reimwort noch heute gültig; denn Namen haben immer etwas zu bedeuten. Damit ist nicht unbedingt die wörtliche Bedeutung gemeint. Dass Maria «die Wohlgenährte» bedeutet und Philipp «der Pferdefreund», heißt nicht, dass es nicht auch dürre Marias und pferdescheue Philipps geben könne. Namen stehen für viel mehr: Sie sagen uns etwas über Traditionen, über Moden, und fast immer spiegeln sich in ihnen Wünsche, Träume und Vorlieben der Eltern wider. Für die Wahl eines Vornamens können Vorbilder aus der Verwandtschaft, dem Freundeskreis, aus Büchern oder aus dem Fernsehen ausschlaggebend sein, manchmal ist es auch nur ein Buchstabe.

Mein Patenkind heißt Johanna. Es ist die Tochter meines Cousins Julian und seiner Frau Jessica, die übrigens in allem das Gegenteil dessen ist, was auf Seite 90 über Jessicas behauptet wird. Drei Jotts in der Familie haben Maßstäbe gesetzt. Als ein zweites Töchterlein unterwegs war, stand fest, dass sein Name wieder mit einem J beginnen solle. Modische Varianten wie Jennifer oder Jolina schieden aber aus. Auch Jacqueline kam nicht in Betracht. Nach reiflicher Überlegung entschieden sich die Eltern für Josephina.

Auch bei meinem Namen war der Anfangsbuchstabe bewusst gewählt. Ich hätte nämlich genauso gut Sebastian heißen können. Aber meine umsichtigen Eltern wollten mir die Initialen SS ersparen.

Vor einiger Zeit war ich in München in einer Fernsehsendung des Bayerischen Rundfunks zu Gast. Im Publikum saßen zwei Schulklassen, die interessiert zuhörten. Nach der Sendung stellten sich die Schüler für ein Autogramm an. Artig nannte mir jeder seinen Vornamen: Der erste hieß Florian, der zweite Christian, der dritte Julian. Allesamt wohlklingende, bildungsbürgerliche Namen, stellte ich fest. «Das sieht gut für euch aus, Jungs», sagte ich, «euch werden im Leben viele Türen offen stehen!» Die Schüler waren erstaunt und wollten wissen, wie ich anhand der Vornamens auf ihre Zukunft schließen könne. Ich erzählte ihnen von einer Studie, die ergeben habe, dass Kinder mit bestimmten Vornamen bessere Bildungschancen hätten als andere. Klassische Namen auf -ian wie Maximilian, Fabian, Sebastian würden eher mit Talent und Fleiß assoziiert als Namen wie Robin oder Justin. Besonders Kevin habe sich der Studie zufolge als stereotyper Vorname für einen «verhaltensauffälligen» Schüler herausgestellt. Den haben seine Eltern offenbar zu lange «allein zu Haus» gelassen, scherzte ich und wandte mich wieder dem Signieren zu. Der nächste Junge trat vor, und als ich ihn fragte, wie er heiße, sah er mich pfiffig an und sagte: «Martian!»

Eine Sekunde herrschte Stille, dann brachen die anderen Schüler in schallendes Gelächter aus. Welch eine Schlagfertigkeit, dachte ich. Innerhalb weniger Sekunden eine komplexe Information zu verarbeiten und für sich und sein Leben umgehend Konsequenzen daraus zu ziehen, das ist schon eine Leistung! Unter allen klugen Kindern aus München war dieser Martin zweifellos ein ganz besonderes Exemplar.

Die Wahl eines Vornamens will gut überlegt sein. Dieses Buch gibt Rat in Zweifelsfällen. Und wer wäre geeigneter, uns zu erklären, was es heißt, einen Namen wie Justin oder Kevin zu tragen, als ein William? Viel Vergnügen beim Lesen!

♂ ABBAS

Abbas hat mit der fast gleichnamigen schwedischen Pop-gruppe nichts zu tun, sondern ist ein männlicher Vorname arabischen Ursprungs und leitet sich ab von *abbas* = «streng / finster». Alles, was recht ist: Streng und finster sind keine At-tribute, mit denen man sein Söhnchen preist! Eine sich selbst erfüllende Prophezeiung: Mit diesem Namen kommt jeder schlecht drauf.

♀ ABIGAIL

Wussten Sie, dass Aachen eigentlich *Bad Aachen* heißt und diesen Namensbestandteil nur gestrichen hat, um nach dem Alphabet als Erstes genannt zu werden? Ein ähnliches Vorhaben ist der einzig halbwegs nachvollziehbare Grund, aus dem man seine Tochter mit einem solchen Namen bestra-fen sollte. Nur, was nutzt es ihr, in der Schule als Erste dran-zukommen, wenn das lediglich die Liste derer verlängert, die sie danach für ihren Namen hänseln? Da hat die Vaterfreude (hebräisch *Abigail*) schnell ein Ende, wenn der Tochterhass erst so richtig zum Tragen kommt. Und ausgemacht ist es auch nicht, dass das Abi geil wird.

♀ ABLA

Abla ist ein arabischer Vorname, leitet sich ab von arabisch *'abla* und bedeutet «Frau von üppiger Statur». Ohne Worte.

9

♂ ACHIM

Achim ist einer der wenigen Jungs, die eine eigene Ausfahrt haben. Dabei ist der die dortige A1 umgebende Landstrich so öde wie der Name, der langweiligerweise nichts anderes als die Abkürzung von *Joachim* (hebräisch: «Jahwe möge aufrichten») darstellt. Mit beiden Achims braucht man sich also nicht weiter aufzuhalten.

Hier geht Achim zur Schule. Sie ist deutschlandweit eines der wenigen komplett aus Rigipsplatten errichteten Gebäude und bezieht sich architektonisch deutlich aufs Bauhaus, das für kommenden Samstag herzlich zur Eröffnung seines neuen Marktes in Oyten einlädt.

♀ ACHJE

Holländische Kurzform von *Agathe* (griechisch *agathós* = gut) und fleischgewordener Stoßseufzer der Eltern. Aber irgendwie auch süß und in jedem Fall besser als *Achgott*, *Achdumeinegüte* und *Achduheiligescheiße*.

♂ ADEYEMI

Dieser unüberhörbar afrikanische Name stammt von den nigerianischen Yoruba, er bedeutet «Braun steht mir gut». Eigentlich ist das ein originelles Statement, aber in Anbetracht der Tatsache, dass in unseren Breiten Braun die unbeliebteste Farbe von allen ist, eine weniger gute Idee. Einen Namen namens «Braun steht mir gut» wollen nur Neonazis tragen, aber für die geht ja nichts von Negern! Da beißt sich die Katze in den Schwanz.

♂ ADOLF

Aus naheliegenden Gründen seit 1945 kaum noch vergeben, klingt Adolf wie alle auf -*olf* endenden Vornamen zwar altmodisch, ist aber im Bedeutungsvergleich zu ▶ **Neidhart** und ▶ **Gunther** harmlos. Denn Adolf leitet sich von *Adalwolf* ab – *adal* heißt althochdeutsch «edel» und bezieht sich auf eine edle Abstammung, *wolf* meint das Tier. Nun, schade ist es um den Namen trotzdem nicht.

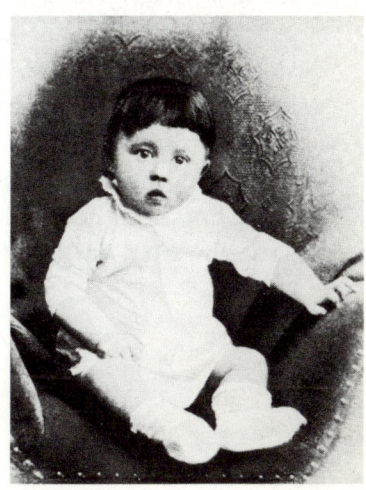

Das Kleinkind Adolf Hitler. Es drängen sich unweigerlich Gedanken und Fragen über das Böse im Menschen auf, die dieses Buch nicht zu beantworten in der Lage ist. Wenden Sie sich bitte stattdessen an Benedict de Spinoza, Friedrich Nietzsche oder Guido Knopp.

Die zehn übelsten Vornamen historischer Tyrannen

Bestimmte Namen lassen uns einen Schauer über den Rücken laufen, sie haben sich als Namen des Bösen ins kollektive Gedächtnis eingebrannt. Da gibt es fiktive Bösewichte wie den Kannibalen *Hannibal* (Lecter), das mörderische Muttersöhnchen *Norman* (Bates) aus Hitchcocks *Psycho* und Narbengesicht *Freddy* (Krueger). Aber leider existiert das Böse auch in der Realität. Unter anderem in der Gestalt von Tyrannen, Gewaltherrschern und Diktatoren; und es sei jedem empfohlen, sich von den entsprechenden Namen fernzuhalten. Das gilt hauptsächlich für die Jungennamen, Namen weiblicher Schreckensherrscherinnen wie *Maggie* und ▸ **Heidi** sind unbedenklicher.

Die verwendeten Namen wurden alphabetisch angeordnet, um Wertungen zu vermeiden. Es wurde sich darauf beschränkt, nur bereits tote Diktatoren[1] in die Liste aufzunehmen, um Rechtsstreitigkeiten und lästige Auseinandersetzungen auszuschließen. Gruppen, die sich durch die Auswahl trotzdem gestört fühlen, wenden sich bitte nicht persönlich an den Autor, sondern immer an den Verlag. Und bevor sich die NPD beschwert: ▸ **Adolf** läuft außer Konkurrenz.

1. ♂ Benito
2. ♂ Joseph
3. ♂ Idi

---

1 Stand Januar 2013.

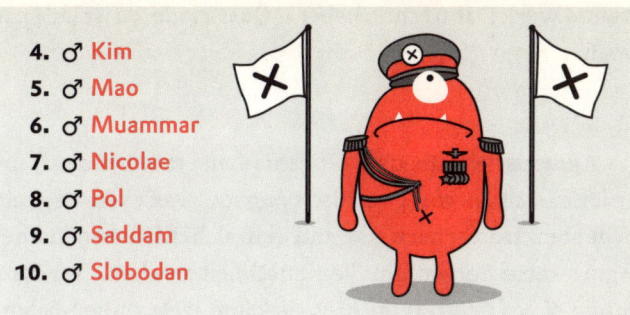

4. ♂ Kim
5. ♂ Mao
6. ♂ Muammar
7. ♂ Nicolae
8. ♂ Pol
9. ♂ Saddam
10. ♂ Slobodan

♀ ADOLPHINE

Unter einem Polytrauma versteht man in der Medizin das gleichzeitige Vorliegen mehrerer lebensbedrohlicher Verletzungen.[2] Hier scheint es sich um etwas Ähnliches zu handeln: Der Name krankt sowohl an seinen historischen Bezügen wie an der grotesken Kombination aus althochdeutscher Grimmigkeit und verniedlichendem Feminisierungssuffix. Hier kommt jede Rettung zu spät: Adolphine ist ein Name, den man getrost als onomatologisches Polytrauma bezeichnen kann.

♂ ADONIS

Seinen Sohn Adonis zu nennen, ist ein starkes Stück. Bekanntermaßen war der aus der griechisch-römischen Sagenwelt stammende Adonis ein über alle Maßen hübscher Knabe, und anscheinend soll Ihr Sohn auch so einer werden. Doch ein solcher Name ist ein Versprechen, das erfüllt werden muss. So schön Sie auch selber sein mögen, es ist noch lange nicht gesagt, dass das für Ihren Kleinen auch zu-

---

2   Zum Beispiel Stürze aus großer Höhe, Unfälle mit Druckerpressen, Stürze aus großer Höhe in Druckerpressen.

treffen wird. Dann schon lieber ▸ **Quasimodo**, da ist Luft nach oben.

♀ AGNES

Agnes ist ein aus dem Griechischen stammender Name, er leitet sich ab von griechisch *hagnós*, was «keusch / rein» bedeutet. Ironischerweise müssen sich Mädchen namens Agnes keine Sorgen um die Keuschheit machen: Der Name macht sie so unattraktiv, dass sie kaum Gelegenheit bekommen werden, ihn anzuwenden.

♀ AIMÉE

Ein Name, den Eltern hoffentlich mit *Amy* verwechselt haben. Sollten sie wirklich Aimée gemeint haben, bedeutet das (aus dem Französischen) bekanntermaßen «geliebt» und beweist in seinem angeberischen Duktus eigentlich nur die eigene Selbstverliebtheit. Für Eltern, die ihre Tochter Aimée nennen möchten, tut es unter Umständen auch einfach eine Käthe-Kruse-Puppe.

♂ ALDIS

Aldis ist ein lettischer Name. Falls Sie ihn schön finden, sollten Sie in eigenem Interesse einen kurzen Blick auf die Bedeutung des Namens werfen. Aldis leitet sich ab vom lettischen *aldeit*, und das heißt schlicht und einfach «lärmen». Überlegen Sie also noch mal neu, Ihre akustische Psychohygiene sollte es Ihnen wert sein.

♂ ALEXANDER

Seit Jahren in der Spitzengruppe unterwegs. Eher unbegreiflich. Möchte ich, dass mein Sohn ein blasierter Langweiler wird, nenne ich ihn Alexander. Ursprünglich (griechisch) der «Männerabwehrende», was nicht homophob, sondern beschützend gemeint war. Der prototypische Alexander unserer Tage beschützt keine Witwen und Waisen mehr, sondern nur noch seine Schnecke, meist eine ▸ **Jessica**.

♂ ALFRED

Witzig: Wenige Namen klingen so bierernst und hausbacken wie dieser, dabei ist Alfred eine der großen poetischen Ausnahmen der deutschen Sprache. Denn Alfred ist der, der «mit Elfenhilfe rät»! Wenn Sie aber jetzt nach anderen versteckten Schätzen mit Esoterikbezug suchen wie ▸ **Orkan** (der Orks ahnt) oder *Feodora* (die nach Fee riecht), werden Sie enttäuscht sein: Alfred steht allein auf weiter Flur mit seinen kleinen Elfenfreunden. Vorschlag zur Güte: Wir lassen ihn da draußen weiter mit unsichtbaren Wesen reden und suchen uns einen besseren Namen für Ihren kleinen Kobold.

♀ ALINA

Dieser Vorname ist über mannigfaltige Umwege aus *Adelheid* (althochdeutsch: von vornehmem Wesen) entstanden. Schon mal doof. Der Name zeichnet sich allerhöchstens dadurch aus, dass man den Anfangsbuchstaben beliebig auswechseln kann und trotzdem noch über einen voll funktionsfähigen Namen verfügt. Alphabetisch: *Alina*, *Belina*, *Celina*, *Delina*, *Elina*, ▸ **Felina**. Das geht immer so weiter. Ziemlich einfallslos.

♀ AMELIE

Die fabelhafte Welt der Amelie war im Jahr 2001 ein veritabler Kassenschlager in den europäischen Kinos. Ein Mediziner wird Ihnen über die Welt der Amelie etwas weniger Wunderbares erzählen: Amelie ist nämlich die verschärfte

Variante der Dysmelie und bezeichnet nicht wie diese die angeborene Schädigung von Gliedmaßen, sondern deren komplettes Fehlen. Nein, die Welt der Amelie ist nicht so schön.

♂ ANDERS

Eine sehr verstörende Namensform von ▸ **Andreas**, die sowohl in Dänemark wie in Deutschland beheimatet ist. Sie führt zwangsläufig zu Missverständnissen, von denen hier ein besonders häufiges in Form eines kurzen Dialogs vorgestellt werden soll:

Wie heißt du?
Anders.
Anders als was?
Nicht anders, ich heiße Anders.
Ja, aber wie?
Anders halt.
Ach, verpiss dich, Arschloch.[3]

♀ ANDREA

Dieser Name heißt übersetzt «die Mannhafte». Das passt, denn Andrea ist gar kein Mädchenname. Er wird hier trotzdem als weiblich angeführt, weil er in Deutschland ausschließlich so benutzt wird. Auf Italienisch ist die weibliche Form von Andrea *Andreina*. Wieder was gelernt. Übrigens: Mit anderen italienischen Namen ist das ganz ähnlich. Unter anderem *Gabriele* und *Simone* sind dort ebenfalls Männern

---

3   Unproblematisch ist der Name freilich für dänischstämmige Jungen mit dem Nachnamen Alswy:
Wie heißt du?
Anders.
Anders als wie?
Genau.

vorbehalten. Deswegen heißen auch so wahnsinnig viele italienische Frauen *Maria* – es sind einfach kaum noch andere Namen übrig.

Es ist wichtig, dass bei einem Kind das Geschlecht ersichtlich ist. Ganz generell sowieso, aber auch im Vornamen. In Zeiten von Metrosexualität und Unisex-Mode ist diese Regelung sehr sinnvoll, und auch der Gesetzgeber sieht es so vor. Der Polizist möchte gern wissen, ob er seinem langhaarigen Gegenüber einen Strafzettel ausstellen muss oder es zum Kaffee nach Dienstschluss einladen kann, und da ist ihm der Vorname eine große Hilfe. Das nur als ein Beispiel.

Auch unter Berücksichtigung des Kindeswohls ist die Möglichkeit zur klaren geschlechtlichen Zuordnung wünschenswert. Ein heranwachsendes Mädchen leidet Qualen, wenn es für einen Jungen gehalten wird, und andersherum gilt das genauso; mit dem einen Unterschied, dass dem Jungen noch nicht einmal die Möglichkeit zur Verfügung steht, die geschlechtliche Identität mit einer Brustvergrößerung noch vor der Volljährigkeit klarzustellen.

Deswegen untersagt der sorgende Staat unbedachten Eltern, ihr Kind mit einem allzu ungefähr-androgynen Erstnamen auszustatten. Beispiele gefällig? **Maria** geht nicht für einen Jungen, ebenso die italienischen **Andrea** und **Gabriele**. **Sascha** wird auch ungern gesehen, ebenso **Kim**, darüber hinaus Albernheiten wie **Trixi**, **Foxi** u. Ä.

Mindestens brauchen Sie für diese onomastischen[4] Zwit-

---

4 Die Onomastik ist die Wissenschaft der Namen, sie beschäftigt sich mit deren Herkunft, Bedeutung und Verbreitung.

ter einen geschlechtlich eindeutigen Zweitnamen. Dann dürfte jedes Standesamt tolerant entscheiden. Sollten Sie sich unsicher sein, wie sie diese erkennen, liefert Ihnen dieses Buch hier noch eine Eselsbrücke: Auf **-ette**, **-ine** und **-ella** endende Namen sind weiblich, männlich hingegen alle auf **-heinz** und **-bert**.

♀ ANDREAS

Andreas ist ein langweiliger Name für langweilige Menschen. Kein Wunder, bedeutet er vom griechischen *andros* abgeleitet nichts anderes als «Mann». Beliebiger geht es wirklich nicht. Wie auch immer: Andreas, Everybody's Darling seit dem Mittelalter und absoluter Kassenschlager in den Siebzigern, ist über die Jahre zu einem extrem unmodischen Namen geworden. Das wurde aber auch Zeit.

♀ ANINA

Ein Jäger mit Gazelle zagt im Regen nie. Oder: *Trug Tim eine so helle Hose nur mit Gurt*? Am schönsten: *Erika feuert nur untreue Fakire.* Sie wissen es sicher – diese Sätze sind alle Palindrome. Und Anina ist einer der längsten Namen, die sich vor- wie rückwärts lesen und sprechen lassen (der Ursprungsname dieser Verkleinerungsform, *Anna*, ist auch ein Palindrom). Das mag manchen Eltern ein Argument sein, weil sie es amüsant finden und etwas zu erzählen haben, wenn sie bei Freunden eingeladen sind und das Gespräch stockt, da man sich wegen der Kinder nur noch so selten sieht und sich nichts mehr zu sagen hat. Trotzdem ist von diesem Namen abzuraten: Wenn Sie schon ein Palindrom haben wollen, dann machen Sie's richtig und nehmen Sie einen Doppelnamen: für Mädchen *Anita-Tina* und für Jungs *Leon-*

Noel. Diese Kombinationen sind zwar so richtig hässlich, aber um Schönheit ging es Ihnen ja nicht.

♂ ANSELM

Anselm (germanisch *ans* = Gottheit + althochdeutsch *helm* = Helm) ist ein Name, der auf Schwierigkeiten mit dem Dativ schließen lässt, vor allem bezüglich Singvögeln.

♀ ANTINA

Ein Name wie falsch gescrabbelt. Eine Steilvorlage für jeden Legastheniker. Entstanden als ostfriesische und holländische Erweiterung aus *Anna*, oder aus Versehen. Die überwiegende Mehrheit, die mit diesem Namen zu tun hat, wird Antina für einen Rechtschreibfehler halten und ihn stillschweigend zu *Anita* korrigieren, was dazu führen wird, dass Antina regelmäßig ihre Interkontinentalflüge verpasst, weil im Reisebüro wieder was schiefgelaufen ist.

♀ ANTJE

«Frau Antje bringt Käse aus Holland» lautete jahrelang ein bekannter Slogan aus der Fernsehwerbung. Und tatsächlich ist Antje als weitere Nebenform von *Anna* ein holländischer Name. Auch das Niederdeutsche kennt ihn: So war das Walross Antje das Maskottchen des NDR, bis man ihr 2001 kündigte, weil sie als nicht mehr zeitgemäß galt. Heute vermarkten auch die Niederlande statt Gouda Kräuterzigaretten. Doch in unserer Vorstellung wird uns Frau Antje, das behaarte Gesicht mit den riesigen Hauern unter einer weißen Haube und den massigen Körper grazil auf dem Hollandrad ausbalancierend, bis in alle Ewigkeiten Käse bringen. Ja, Antje ist ein wunderbarer Name für dicke Mädchen mit gewaltigen Schneidezähnen – alle anderen lassen bitte die Finger davon.

♀ APHRODITE

Nicht zu verwechseln mit Afro-Dieter (▸ **Dieter**), dem freundlichen Alkoholiker von gegenüber mit Neigung zu schwarzen Kraushaarperücken. Aphrodite hingegen ist die griechische Göttin der Liebe und Schönheit. Von solchen bildungsbürgerlich prahlerischen Namen bekommen Kinder Neurosen (die Eltern haben sie schon).

♂ ARBOGAST

Arbogast ist ein alter deutscher Name, er bedeutet im Althochdeutschen «der fremde Erbe». Rätselhaft. Es kann den eigentlichen Erben nicht gefallen haben, wenn da ein hergelaufener Kerl all den Goldschmuck einsackte. «Hallo, ich bin Arbogast, ihr habt mich noch nie gesehen, aber ich bin der verschollene Sohn eures Vaters. Das da gehört mir. Das da auch.»

♂ ARIEL

Nicht der große Bruder von ▸ **Arielle**, der Meerjungfrau. Nein, dieser Ariel ist, auch wenn sein Name so schön klingt, weniger niedlich als die kleine Nixe, die so reizend singen kann. Ariel ist ein Engel, aber vergessen Sie weißes Nachthemd, Kerze und blonde Locken, wir sprechen hier von einem Dämonenbezwinger allererster Güte, dem «Feuerherd Gottes» (hebräisch), dem löwenköpfigen Bestrafer und Zornesengel! Wie dieser Name zur Waschmittelmarke werden konnte, entzieht sich jeder Kenntnis. Der Autor hat bei der Internetseite der Firma nachgeschaut und es nicht herausfinden können.[5] Man kann sich den Zusammenhang nur so

---

5 Dafür weiß er jetzt alles über das Waschen mit Niedrigtemperatur-Enzymen.

vorstellen: Wenn Ariels bluttriefendes Schwert mal wieder seine Arbeitskluft verschmutzt hatte, wäre er froh gewesen, auch unterwegs die roten Flecken rauszubekommen, und zwar mit Hilfe von Ariel Pocket und der innovativen Acti-Lift™-Technologie.

♀ ARIELLE

Arielle, die kleine Fischmutantin. Die singende Makrele. 1-a-Kandidatin für Magnetos *X-Men*. Eine kleine Info bezüglich Meerjungfrauen: Sie sind heimtückisch und ziehen Menschen (vornehmlich Männer) mit sich ins Wasser, wo sie sie ertränken. Ob sie während dieses schmutzigen Geschäfts Disney-Lieder singen oder nicht, spielt zumindest für die Opfer erst einmal eine eher untergeordnete Rolle. Davon wird Ihre Tochter natürlich nichts wissen wollen, sich für eine verzauberte Prinzessin halten und verwöhnt bis dorthinaus Ihr Erspartes für Lillifee-Schrott auf den Kopf hauen, bis Ihre Altersvorsorge von den Ansprüchen Ihres Töchterchens zerfetzt ist wie ein Entenküken von einem Schwarm Piranhas, um bei der Wassermetapher zu bleiben.

Dies ist nicht Arielle, sondern die kleine Meerjungfrau (wir haben von Disney keine Rechte bekommen).

♀ ARMINDA

Dieser georgische Mädchenname klingt schön, ist aber leider ein sehr harscher Kommentar darüber, dass man sich etwas anderes als eine Tochter gewünscht hat: Arminda bedeutet gemeinerweise «Ich wünsche es nicht». Mehr zu Vornamen, die die Abneigung der Eltern gegen ihre eigenen Kinder zum Ausdruck bringen, auf S. 198, *Die letzte Rose*.

♀ ASHLYNN

Amerikanisch. Bedeutung so unbekannt wie unwichtig, hier geht es rein um den Klang. Das Ypsilonphänomen bekommen Sie bei ▶ **Jayden** erläutert. Restlos erklären lässt sich trotzdem nicht, weswegen Eltern bei Mädchennamen nicht wenigstens solche vermeiden, mit denen ihre Töchter direkt nach der Volljährigkeit in der Sexindustrie landen. Es ist ja nicht so, dass Eltern mit verbundenen Augen eine Nadel ins Vornamenslexikon stoßen würden; sie wählen sich Namen nach meist langer Suche aus, und zwar in diesem Fall höchstwahrscheinlich bei Youporn.[6]

♀ ASTRID

Astrid ist ein Anfang des 20. Jahrhunderts aus dem Nordischen übernommener Vorname und bedeutet so etwas wie «schöne Gottheit». Dies gilt allerdings nicht für Baden-Württemberg und Südwest-Bayern, denn im Schwäbischen heißt Astrid schlicht Aschtrid, aka Arschtritt; und dass sie einen solchen von ihrer Tochter erhalten werden, darauf können die Schlaumeier von Eltern schon mal ihren Po verwetten.

---

6   Das ist ein sexistisches Stereotyp.

♂ AUGUST

Dieser Name hat es schwer. Zunächst wegen des gleichnamigen Monats. Dabei ist dieser nach dem Namen benannt und einmal *nicht* umgekehrt, denn es war Kaiser Augustus, dem zu Ehren man den August August taufte. «Erhaben» bedeutet das Wort im Lateinischen, und deswegen ist es umso erstaunlicher, dass es zu der Clownsfigur des «Dummen August» kommen konnte, der aber im deutschen Sprachgebrauch immer noch so fest verankert ist, dass Sie den Namen besser bleibenlassen.

♂ AXEL

Axel ist entgegen der landläufigen Auffassung keine Koseform von ▸ **Alexander**, sondern eine aus dem Schwedischen übernommene umgebildete Kurzform des biblischen Namens *Absalom* (was für Ihr Baby auch nicht in Frage kommt). Axel ist nicht nur total Siebziger, sondern bietet auch so viel Anreiz zu fiesen Kinderscherzen (Axel Schweiß u. Ä.), dass Sie ihn sich aus dem Kopf schlagen respektive aus der Achsel wischen sollten.

♂ BAGULA

Sie alle wissen, dass Sie dem Internet nicht komplett vertrauen dürfen. Manchen Spaßvögeln ist es eine große Freude, im World Wide Web falsche Informationen zu streuen und zu beobachten, wie lange diese für bare Münze genommen werden. Auf Wikipedia wurden schon ganze Inselgruppen geboren, ohne dass jemand daran Anstoß genommen hätte. Bei Vornamen lauert dieselbe Gefahr: Der Männername Bagula taucht gleich in mehreren Online-Datenbanken auf, ist angeblich südamerikanisch, genauer gesagt bagalianisch (sic!) und bedeutet «Kind, das immer weint». Ist das nicht wunderbar? Hier hat anscheinend eine Webseite von der anderen abgeschrieben; nur das Marathi-Onlinelexikon[7] präsentiert eine eigene Übersetzung und schildert Bagula überraschenderweise sowohl als imaginiertes Phantom, mit dem man kleine Kinder erschreckt, wie auch (pädagogisch recht unklug) als Kosenamen für die Kleinen selbst. Und auf einmal scheinen trotz der verwirrenden Marathi-Paradoxien und des beträchtlichen Abstands zwischen Südamerika und Indien alle Fakten ineinanderzugreifen! So sicher kann man sich also nicht mehr sein, dass da nicht irgendwelche südamerikanischen Bagalianer ihre aus Angst vorm indischen Bagula-Phantom stets weinenden Kinder zum Trost Bagula

---

7 Marathi ist eine von 20 offiziellen Sprachen Indiens – das stimmt zur Abwechslung.

taufen. Das Schlusswort gehört also Tamina, die im Internet schreibt: «Ich und mein Mann Ian wollten unser Kind erst so nennen, bis wir die Bedeutung erfahren haben. Jetzt soll er doch Tom heißen.»

♂ BAKBUK

Bakbuk ist ein biblischer Vorname und bedeutet auf Hebräisch «Flasche». Tatsächlich scheint er auf onomatopoetische Weise das glucksende Geräusch einer sich leerenden Flasche zu imitieren. Nun nennt man seinen Sohn aber nicht «Flasche», und vor allem nicht mit einem Namen, der weniger der Bibel als vielmehr einer Konjugationstabelle der Bäcker-Gesellenprüfung entnommen zu sein scheint. Dieser Name ist wie Flasche leer.

♀ BALBINA

Die gute Nachricht zuerst: Die heilige Balbina († um 130 in Rom) ist Schutzpatronin gegen Halsschmerzen, was eine hübsche Pointe ergibt, weil sie als Märtyrerin enthauptet wurde.[8] Die schlechte Nachricht: Der Name stammt wie die Frau aus dem Lateinischen und bedeutet «die Stammelnde». Also, an ihrer Stelle hätten wir uns nicht die Halsschmerzen, sondern das Stottern wegmachen lassen, aber jeder nach seinem Geschmack.

♀ BARBARA

Die heilige Barbara ist Patronin der Bergleute und wird dementsprechend derzeit eher am Bore-out- denn am Burn-out-Syndrom zu leiden haben. Während die Märtyrerin also

---

8 Der Vollständigkeit halber sei erwähnt, dass sie den Kopf erst im Jahre 130, die Halsschmerzen aber bereits 119 loswurde.

der Langzeitarbeitslosigkeit entgegenschlittert, werfen wir einen genaueren Blick auf ihren Namen und finden es doch bemerkenswert, dass in unseren Ohren der Name ganz normal klingt (sogar ein bisschen zu gewöhnlich), ohne dass wir die klangliche Verwandtschaft zu «barbarisch» bemerken oder mithören. Und die ist natürlich kein Zufall: *Barbarus* bedeutet im Lateinischen «fremd, ausländisch», barbarisch halt. Barbara war also im Jahre 0 keiner der guten Namen, und das ist doch erstaunlich: Daran hat sich in 2000 Jahren nichts geändert.

♂ BEKIR

Türkisch. Von arabisch *bakr* = «junges Kamel». Die Schönheitsideale im arabischen Raum haben wohl wenige Westeuropäer aus dem Effeff parat, aber so oder so ist diese Tieranalogie befremdlich. Zugegeben, «junges Kamel» passt für den Nachwuchs immer noch besser als «altes Kamel», ist aber trotzdem eher unvorteilhaft. Dann schon lieber ▸ **Eberhard**.

♂ BEN

Kurzform von *Benjamin*. Das ist Hebräisch und bedeutet je nach Geschmack «Sohn des Glücks» und «Sohn der rechten Hand». Bei Zweiterem denkt man eher an Besenkammer und Samenraub (bzw. an ▸ **Onan**), aber das nur am Rande. Eigentlich, muss konstatiert werden, ist gegen Ben gar nichts einzuwenden. Allerweltsnamen muss es auch geben, und dass das nicht bis in alle Ewigkeiten ▸ **Christian**, *Martin* und ▸ **Andreas** sein werden, ist ja klar. Moden kommen und gehen; und so ist Ben der Name der Stunde für alle Paare, die was Schönes, aber weder allzu Altbackenes noch zu Exotisches wollen und nach ihrer schmerzlos getroffe-

In Drogerieketten und den Körperpflegeabteilungen deutscher Supermärkte zeigt sich dasselbe Bild wie an den hiesigen Zeitschriftenständen: Alles ist voller Frauen, und zwar nicht, weil sie die Einkäufe machen, sondern weil die Produkte ausschließlich weibliche Namen tragen. Oder besser gesagt, solche, die nach weiblichen Namen klingen.

Der Klassiker, **Nivea**, hat zwar eine Bedeutung und lässt sich mit «schneeweiß» übersetzen. Doch die Namen all der Nachfolgeprodukte ähneln wirklichen nur noch. Ob Babykleidung (**Alana**), Glanzspülungen (**Balea**) oder Cellulite-Creme-Gels (**Isana**), Collagenmasken (**Rilanja**), Wattebällchen (**Belana**) oder Damenbinden (**Alena**): All diese durchweg auf -a endenden Namen klingen nach leicht exotischen Damen, keiner von ihnen ist im deutschen Sprachraum beheimatet, die meisten existieren noch nicht einmal.

Das liegt ganz einfach daran, dass zu viel Realitätsnähe langweilig und ordinär wirken würde. Ein Schaumbad **Gisela** oder ein Deoroller **Irene** klänge längst nicht so verheißungsvoll wie die Konkurrenzprodukte mit phantasievolleren und ungewöhnlicheren Namen. Diese Regel ist beileibe keine Erfindung kapitalistischer Werbefuzzis, sondern galt schon in der DDR: Dort trug die Körperpflegemarke den blumigen Namen **Florena**.

Problematisch wird es mittlerweile, weil deutsche Eltern immer ungewöhnlichere Namen für ihre Kinder haben wollen. Da es ihnen egal ist, wo die herkommen oder ob es sie überhaupt gibt, geraten sie unweigerlich mit all den Marketingstrategen ins Gehege, die ähnliche Kreationen suchen, nur halt für Hygieneartikel anstatt für real existierende Menschen. Da kommt also die Wording-Agentur auf dieselbe Idee wie die Mutter, und auf einmal heißt Töchterchen **Favora** wie das Klopapier von Rossmann.

Und was ist jetzt mit den Männern? Die sind wie immer außen vor. Ein paar lassen sich zwar finden: Immerhin wirbt der hauptberufliche Regalpate **Billy** (als «Billy Boy») für Kondome, und die mythologischen Figuren ▶ **Ariel** und **Ajax** sorgen mit männlicher Durchsetzungskraft in Küche und Waschtrommel für keimfreie Sauberkeit. Doch wenn es um Körperpflege geht, zieht man die Sanftheit einer Frau der Härte des Mannes vor. Und das ist ja auch verständlich, denn niemand würde freiwillig zu einem Toilettenpapier greifen, das einen männlichen Namen trägt. Wie sollte das auch heißen? Clint? Das wäre mit «Clint – erbarmungslos» oder «Dirty Harry» wohl nur schwer zu bewerben.[9] Es ist schon ganz gut so, wie es ist. Wir bleiben hygienetechnisch gerne bei den seltsamen Frauennamen. Und schließen mit der Geschichte des russischen Toilettenpapier-Herstellers, der seine neue Marke **Astana** nannte. Das war ein Fehler. Denn Astana war leider tatsächlich ein Name: der der Hauptstadt Kasachstans. Und deren Einwohner fanden die Idee so richtig beschissen.

nen Entscheidung glücklich auf dem Sofa sitzen bleiben, den Fernseher wieder laut drehen und heimlich in die Kissen pupsen.

---

9   Mit einem Namen wie «Happy End» (Penny Markt) ist der Humorbedarf bei diesem Thema für die meisten Kunden mehr als gestillt.

♂ BENT

«Hello, I'm Bent» stellt sich Ihr Sohn in England vor, und wird irritierte Blicke ernten: Er hat sich nämlich soeben mit «Hallo, ich bin schwul» eingeführt, und das ist zwar eigentlich nicht der Rede wert, aber unter Umständen eine seltsame Gesprächseröffnung. Die Information, dass es sich bei dem Namen um die dänische Form von *Benedikt* handelt, wird wahrscheinlich nur noch einen Teil der ursprünglichen Runde erreichen.

♀ BERNADETTE

Bernadette (von ▶ **Bernd**) ist nicht diese fette französische Soße, das war Béarnaise. Aber Bernadette ist ein öliger, mayonnaiseartiger Name, daran lässt sich nichts deuteln. «Liebe Bernadette», flöten die Eltern zum 7. Geburtstag des teiggesichtigen Mädchens, «zu deiner Feier ist leider schon wieder gar keine deiner Freundinnen gekommen.» Ja natürlich, sie hat ja auch keine, bei dem Namen.

♂ BERND

Das passt doch mal: Bernd ist die Zusammenziehung des alten deutschen Namens *Bernhard*, der aus dem Althochdeutschen kommend so etwas wie «kräftiger Bär» bedeutet. Tatsächlich sind Bernds häufig ein bisschen dick und gemütlich. Sie entgehen einem Schicksal als Mobbingopfer nur durch ihr ausgeprägtes Anpassungsvermögen, das sie bis hin zur sozialen Mimikry erstaunlich gut beherrschen. Nichtsdestotrotz werden sie im Sportunterricht stets erst ganz zum Schluss in die Fußballmannschaft gewählt. Bernds nehmen es klaglos hin.

♀ BITTERINA

Ein seltsamer holländischer Vorname, der sich in seiner Bedeutung tatsächlich vom Wort «bitter» ableitet. Die Holländer verbinden mit dieser Geschmacksrichtung aber angenehmere Vorstellungen als wir. Zum Beispiel sind die berühmten Bitterballen eine in Holland eine beliebte kulinarische Spezialität. Es handelt sich hierbei um Krokettenbällchen mit einer Füllung aus geheimen Zutaten, deren Veröffentlichung sowohl vom niederländischen Gesundheitsamt wie von der Tourismusbehörde mit empfindlichen Strafen belegt wird.

♂ BLASIUS

Blasius hätte in zwei Kategorien die Loserkappe gewinnen können. Erstens: Wenn Sie auch nur ein bisschen eine Vorstellung davon haben, was an deutschen Schulen heutzutage so abgeht, wissen Sie, dass Sie Ihrem Sohn auch «Schlag mich» auf die Stirn tätowieren können, dafür müssen Sie ihn nicht Blasius nennen. Falls Ihnen das noch nicht reicht, bekommen Sie hier erklärt, was Blasius bedeutet, nämlich «der Lispelnde». Wollen Sie es dann noch ein bisschen schlimmer, setzen Sie auf die Variante der Spanier. Bei denen heißt der Junge einfach, kurz und knackig auf den Punkt gebracht: *Blas*.

♂ BODO

Bodo ist ein alter deutscher, ehrwürdiger Vorname, der auf das altsächsische *bodo* = «Gebieter» zurückgeht. 1000 Jahre Kulturgeschichte wurden innerhalb kürzester Zeit entwertet, als Mike Krüger Anfang der achtziger Jahre das Lied «Bodo mit dem Bagger» aufnahm und damit in den deutschen Single-Charts reüssierte. Der achtunggebietende

Der heilige Blasius († um 316). Wird wie ▶ **Balbina** gegen Halsleiden angerufen (aus dem Mobilfunknetz erhöhte Kosten). Das ist plausibel: Es erklärt sich damit, dass Blasius während seiner Gefangenschaft in einem römischen Gefängnis einem Mann das Leben rettete, der an einer Gräte zu ersticken drohte. Prima Gefängnis, dass es da Fisch gab.

Glanz ist dahin und Bodo nur noch ein Deppenname. Genau wie ▶ **Mike**.

♂ BOLESLAW

Boleslaw (slawisch «großer Ruhm») ist leider ein ausgesprochen unschöner Name. Da hilft es auch wenig, dass einige slawische Herrscher so hießen. Sprudelnder Quell weiterer Ärgernisse ist die Ähnlichkeit von Boleslaw zu *Coleslaw*, was immer wieder zu dummen Missverständnissen führt, vor allem auf Grillfesten.

♀ BOLETTE

Eltern zeigen Humor, wenn sie ihrer Tochter einen so fleischklopsigen Namen geben (er stammt aus Schweden, wo Frikadellen bekanntermaßen «Köttbullar» heißen, sodass

Die zehn albernsten Vornamen christlicher Heiliger

Eine ergiebige Fundgrube für ausgefallene Namen der unbrauchbaren Sorte bieten die vielen christlichen Heiligen und Märtyrer. Welches ist Ihr Favorit? Ist es der heilige Frigidian, der im 6. Jahrhundert von Irland nach Italien zog und als Bischof von Lucca mehrere Wunder vollbrachte? Der heilige Fructuosus[10], der 259 A. D. in Tarragon als Märtyrer verbrannt wurde? St. Cerealis, Schutzpatron der Frühstücksflockenhersteller? Die Entscheidung fällt wirklich schwer, denn die Auswahl ist groß. Vor allem aber zeigt sie: Die katholische Kirche mag ihre Fehler haben – aber sie hat Humor.

1. ♂ Audifax
2. ♂ Cerealis
3. ♂ Dominator
4. ♂ Erkanbert
5. ♂ Frigidian
6. ♂ Fructuosus
7. ♀ Hilaria
8. ♀ Humbelina
9. ♀ Lüfthildis
10. ♂ Quadratus

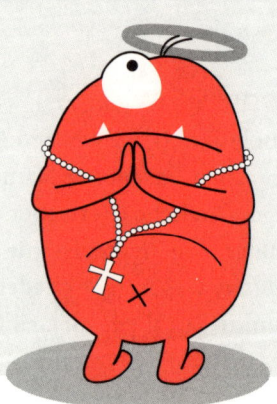

10 Enthält eine Phenylalaninquelle.

der Witz nur im Deutschen zündet). Bolette ist eine Koseform des Namens *Bol*, der wiederum die Kurzfassung von
Bothilde darstellt. Bothilde setzt sich zusammen aus altnordisch *bot* = «Abhilfe / Verbesserung» und althochdeutsch
hiltja = «Kampf»; Bolette aus Rinderhack, Semmelbröseln
und Ei.

♂ BORIS

Die Slawen waren auch nicht viel anders drauf als die Germanen, überall wimmelt es nur so von Herrschaft, Kampf,
Schwertern und Schlachten. Der Name Boris ist die Kurzform von *Borislav*, was sich aus dem urslawischen *borti* =
«kämpfen» und *slava* = «Ruhm / Ehre» zusammensetzt. Der
im deutschen Kulturraum bekannteste Namensträger ist
zweifelsfrei Boris Becker, der nicht nur Dutzende Parodisten
in Lohn und Brot gebracht hat, sondern auch (durchaus für
Ruhm kämpfend) sehr ordentliches Tennis gespielt hat, bevor
er dazu überging, seine Schlachten gegen Vaterschaftsklagen
und die Steuerfahndung zu schlagen. Mit dem Abstieg Bob-
beles von der Weltrangliste in die Stichwortregister deutscher Klatschmagazine ist auch der Name in den Niederun-
gen der Beliebtheitsstatistiken verschwunden, und darum
trauert hier jedenfalls keiner.

♀ BRANKA

Hochhackige Stiefel tragende sadistische Schergin des
albanischen Nazi-Zombies ▶ **Fatbardh**.[11] Zur Etymologie:
Branka ist die weibliche Form des slawischen Namens
Branko, Kurzform von *Branislav* (urslawischisch *borniti* =

11 Diese Definition kann nicht verifiziert werden und ist aller Wahrscheinlichkeit nach falsch.

kämpfen + *slava* = Ruhm). Fatbardh der Grausame (354–788) hielt sich 411 Jahre lang als albanischer Fürst, bis Brankas jüngere Schwester ▸ **Zdravka** ihm mit einer geweihten Hostie den Kopf abfräste.

♀ BRENNA

Brenna ist ein englischer Name keltischen Ursprungs. Er leitet sich wahrscheinlich ab von keltisch *braon,* dem Wort für «Träne». Suboptimal. Mit einem zusätzlichen -*n* gibt es ihn auch als Jungennamen. Sie können also Brüderchen und Schwesterchen zeugen, *Brenna* und *Brennan,* die weinen dann gemeinsam über ihre Namen.

♀ BRINGFRIEDE

Es ist wirklich schade. Wie schön wäre es, Ihnen diesen Namen empfehlen zu können, denn er stellt einen rührenden Versuch dar, die Kampfbesessenheit germanischer Namen abzumildern und ein Zeichen gegen den Krieg zu setzen. Der Name kam in den später zehner Jahren des 20. Jahrhunderts auf, gegen Ende des Ersten Weltkriegs, und er sollte ganz schlicht und wörtlich die Hoffnung auf Frieden ausdrücken. Und das ohne Fremdwörter oder Modernismen, sondern so deutlich wie möglich auf Deutsch. Leider klingt der Name ganz entsetzlich. Richtig populär ist er auch nie geworden. Dieses Schicksal teilt er mit Namen wie *Bringglück*, *Bringgeld* und *Bringkaffee.*

♀ CÄCILIE

Cäcilie ist ein Name, der im Zuge des Emilismus (siehe S. 60) stark an Popularität gewinnen wird. Umso wichtiger, darauf hinzuweisen, was dahintersteckt. Die Älteren unter Ihnen kennen diesen Namen noch von der heiligen Cäcilia, die einige christenübliche Sachen tat, bevor man sie hinzurichten versuchte. Wie so häufig erwies sich das als schwieriger als gedacht; nach einem fehlgeschlagenen Versuch mit kochendem Wasser entschied man sich für das gute alte Schwert. Auch nach drei Versuchen bekam man den Kopf nicht vollständig vom Hals und gab auf. Cäcilia starb dann doch, drei Tage später, aber freiwillig. Eigentlich eine gute Geschichte und kein Hinderungsgrund für Sie, aber Cäcilia leitet sich ab von lateinisch *caecus* und bedeutet «blind». Also doch.

♂ CALVIN

Wer seine Chancen auf einen frühbeglatzten Sohn erhöhen will, nennt ihn Calvin. Der Name leitet sich ab von lateinisch *calvus* = «kahl» und ist dementsprechend ein prima Omen für einen Sohn mit vorzeitigem Haarausfall.

♀ CAMELIA

Dieser Name kommt als Ableitung von *Carmen* (▸ **Karmen**) zwar aus dem Spanischen, hat seine Berufung aber unzweifelhaft in Deutschland gefunden, wo er zur Benennung einer bekannten Bindenmarke verwendet wird. Das macht ihn leider selbst für kamelähnlichste Mädchen unbrauchbar.

♂ CAMERON

Cameron ist ein weiblicher *und* männlicher Vorname. In beiden Fällen geht er auf einen großen schottischen Clan zurück und bedeutet (zu gälisch *cam shron*) «gekrümmte Nase». Nicht gerade etwas, womit ein Baby gut aussieht, und das gilt für beide Geschlechter.

♂ CAMPBELL

Noch ein schottischer Clan, bei dem irgendetwas schief, krumm, verwachsen ist. Und auch in diesem Fall ist es zuerst ein Jungenname gewesen, bevor Eltern auf die Idee kamen, ihn auch an ihr Töchter zu vergeben. Es ist allerdings zu bezweifeln, dass diese darüber glücklich sind: «Schiefer Mund» bedeutet der Name, und das heißt für Jungs und Mädchen feste Zahnspange bis 18.

♀ CANDIDA

Candida ist ein Mädchenname, der sich aus dem Lateinischen ableitet. Dort bedeutet *candidus* «rein / fleckenlos / heiter / ehrlich». Umso seltsamer, dass die Mediziner Candida als Familie von Hefepilzen kennen, die unter anderem Scheidenpilzinfektionen verursachen, und da wird die Herleitung eines etymologischen Zusammenhangs kompliziert, insbesondere in Bezug auf fleckenlos.

♂ CEDRIC

Der unglaubliche Erfolg der Buch- und Filmreihe *Harry Potter* hat dazu geführt, dass auch die Vornamen der Protagonisten an Beliebtheit gewinnen (▸ **Voldemort**). Ganz plötzlich kommen für die werdenden Eltern Namen in Betracht, die ihnen ohne den Einfluss der Lektüre altmodisch und verstaubt erschienen wären. Weil sie sich aber so sehr in die Welt der jungen Zauberer verliebt haben, erstrahlen Namen wie Cedric und ▸ **Hermine** in neuem Glanz. Die Autorin hat hierbei eine relativ konventionelle Namenstypologie gewählt: *Ron* ist der zuverlässige Kumpel aus bescheidenem Milieu, *Hermine* die belesene beste Freundin, Cedric schließlich ist kultiviert, sportlich, gut aussehend und der Traum aller Backfische. Stirbt zum Glück für alle restlichen männlichen Beteiligten sehr früh (und das gilt ausdrücklich auch für die männlichen Leser).

♂ CÉSAR

Ob französisch César oder im lateinischen Original *Caesar* – es lässt sich nichts daran deuteln, dass sich mit der Vergabe dieses Namens elterliche Geltungssucht ihre Bahn bricht. Es ist ja kein Zufall, dass Marketingexperten sich für den verwöhnten West Highland Terrier auf der Hundefutterpackung den Namen Cesar haben einfallen lassen. Der Kleine ist König, diese Botschaft ist deutlich. Die Etymologie von Caesar ist unklar, aber auf eines können Sie Gift nehmen: Sie ziehen sich einen kleinen Despoten heran, und abfertigen lassen wird er sich nicht mit Hundekuchen.

♀ CHANTAL

Chantal ist die altehrwürdige Patin einer der einflussreichsten Modeströmungen deutscher Namensgebung. Ihr Name geht zurück auf die französische Heilige Jeanne Françoise Frémyot de Chantal, die zu Beginn des 17. Jahrhunderts Dutzende Klöster zur Pflege von Armen und Kranken gründete. Eltern, denen der Name aufgrund dieser Information schon fast zu klassisch erscheint, können die gewohnte Pre-kariatsanmutung leicht wiederherstellen, indem sie den Namen *Chantalle* schreiben.

❗ DER CHANTALISMUS

Ein Gespenst geht um in Deutschland. Es ist das Gespenst des Chantalismus. Davon zeugen im ganzen Land Abertausende von Baby-Autoaufklebern. Auf ihnen preisen die stolzen Eltern ihre mitreisenden Kinder **Desteny Mery Sienna** und **Jared-Dylan**. Comicgeschwisterchen namens **Cassian-Lakota** und **Ramiro-Dakota** grüßen sich quer über die hochglanz-gewienerte Heckscheibe; nostalgische Micky-Maus-Schrift gibt uns Kunde vom Inhalt des folienverdunkelten Fonds: Es sind **Maryan**, **Cinderella-Estella** und **Anakin-Nox**, Früchte der Lenden ihrer emsigen Eltern. Es ist eine Epidemie.

Mit Sorge beobachten die Gesunden die grassierende Zu-nahme an Infektionen in der Bevölkerung. Die Standesämter, die jahrzehntelang rigoros auf echten, erprobten und kulturell verankerten Namen bestanden, scheinen dem Druck nicht mehr gewachsen und lassen an Vornamen jede Absurdität, je-des verdrehte Hirngespinst zu. Der Verweis auf das faktische Vorkommen des erwünschten Namens in den USA, wo an-scheinend mittlerweile jede im lateinischen Alphabet denk-bare Buchstabenkombination als Vorname vergeben worden ist, reicht inzwischen aus, um auch vom deutschen Standesbe-amten ein Okay zu bekommen.

Das gilt für Mädchen wie für Jungen, bei denen übrigens gleichberechtigt auch von Kevinismus gesprochen wird; ein Begriff, dessen Bedeutung allenfalls um Nuancen von dem des Chantalismus abweicht und der hauptsächlich zur Ver-deutlichung des Namensgeschlechts verwendet wird.

Es lässt sich gar nicht genug vor beiden hochinfektiösen Krankheiten warnen. Mit einem chantalistischen bzw. kevinistischen Vornamen für Ihr Kind beweisen Sie keine Originalität, sondern einen gesellschaftlichen Minderwertigkeitskomplex, den Sie über einen zwanghaft ausgefallenen und um Aufmerksamkeit heischenden Namen für Ihr Kind zu übertünchen versuchen. Das, durch Ihren Fehler stigmatisiert, sein Leben lang darunter zu leiden haben wird.

Entscheiden Sie sich trotzdem freiwillig für einen Übertritt zur Gemeinschaft der Chantalisten und Kevinisten, erhalten Sie hier die besten Tricks und Tipps zur Findung eines dementsprechenden Namens:

1. Vermeiden Sie bei Mädchennamen bekannte und althergebrachte Endungen wie «-ine» und «-ette». Auf einem Vokal ausklingende chantalistische Namen enden grundsätzlich auf «-a» und «-y». Ausnahmen wie **Lou**, **Zoé** und **Lemetrie** bestätigen die Regel.

2. Wenn möglich, amerikanisieren Sie den gewünschten Namen, oder noch besser, bringen Sie ihn in eine Form, die Sie für amerikanisch halten. Machen Sie **Alice** zu **Alysha**, **Britta** zu **Britney** und **Christine** zu **Krystin**. Für Jungennamen gilt dasselbe: Ersetzen Sie **Rainer** durch **Ryan** und erweitern Sie **Kai** zu **Kayleigh**. Finden Sie keine derartige Entsprechung, hängen Sie ein «o» an und formen Sie aus langweiligen Originalen so individuelle Varianten wie **Stefano**, **Ecardo** und **Ingmaro**.

3. Geizen Sie nicht mit Ypsilons. Je mehr, desto besser. **Jayson-Reney** ist gut, **Hayley-Rhys** schon besser, **Vyvyan-Sharydilay** perfekt.

4. Reihen Sie Vokale aneinander. Ein schönes Beispiel ist der Mädchenname **Kellsaey**. Man muss es nicht aussprechen können, Hauptsache, es sieht ungewöhnlich aus.

5. Ein «a» am Silbenende wird noch chantalistischer, wenn

Sie ein «h» anhängen. Machen Sie aus **Tanja** «**Tanyah**» und aus **Lara** «**Larah**».

6. Fällt Ihnen kein Name ein, ziehen Sie Ihr erstes Poesiealbum zu Rate: **Summer, Angel, Happiness** und **Blue** gehen immer.

7. Schreiben Sie einen bereits existierenden Namen grundsätzlich anders, als es sich gehört. Nur so zeigen Sie, dass Ihr Kind etwas Besonderes ist. Machen Sie **Béatrice** zu **Biatris** und stellen Sie sicher, dass der Name Ihres Kindes auf jeden Fall englisch ausgesprochen wird: Optimieren Sie **Samantha** zu **Sementha** sowie **Simon** zu **Saimen**.

8. Verwenden Sie bei Doppelnamen wie **Ivana-Scarlet** oder **Josie-Shermaine** Bindestriche – der Verzicht darauf wirkt bei Kombinationen wie **Thalia Lou** und **Tamy Jara** fast schon konservativ. Der Bindestrich bewirkt darüber hinaus die völlige Chantalisierung eines normalerweise konservativen Zweitnamens. Sogar die eher geschmackvolle ▶ **Mia** wird durch die zeitgeschichtlich belegte Kombination **Shanaya-Mia** zum chantalistischen Opfer.

9. Zuletzt gilt: Sollten Sie sich immer noch unsicher sein, gibt es einen todsicheren Trick, um Klarheit zu schaffen. Sprechen Sie den gewünschten Namen des Kindes inklusive Ihres Nachnamens laut aus und fragen Sie sich: «Wird mein Kind, **Sementha-Zoé Fuchs**, mit diesem Namen eher a) Bundeskanzlerin oder b) Pornodarstellerin?» Lautet die Antwort b), haben Sie alles richtig gemacht: Herzlichen Glückwunsch, Sie sind infiziert.

♀ CHEYENNE

Es ist an und für sich nichts dagegen zu sagen, wenn der Papa seine Tochter nach seinem Auto nennt oder umgekehrt (▶ **Mercedes**), aber Sie verwechseln Cheyenne mit *Cayenne*.

Schreiben Sie es sich hinter die Ohren: Cayenne ist der Wagen, Cheyenne ist der Indianer. Und Cayenne ist auch – daher die ganzen Missverständnisse – eine Art Pfeffer. Jetzt fragt man sich doch: Warum nennt Porsche sein Auto nicht nach den edlen Wilden, sondern stattdessen nach einem Supermarktgewürz? Und warum sollten Sie dann Ihre Tochter so rufen? Es ist zum Irrewerden. Auch wenn der Name in Deutschland immer beliebter wird, ob als Ca- oder Cheyenne: Projizieren Sie Ihre Träume von einem Leben in Freiheit nicht auf Ihr Kind; legen Sie sich stattdessen lieber noch mal die Winnetou-DVD ein.

♀ CHIARA

Italienische Version von *Klara*, «die Strahlende». Trotzdem stets ernste Kindermiene in fliehendem Mausgesicht, das sich über das spitze Kinn in die Blockflöte fortsetzt. Brille mit roter Plastikfassung unter hohem Haaransatz. Glaubt mit 11 noch an den Weihnachtsmann.

♀ CHLOE

Dieser Name (auch französisch *Chloë*) leitet sich ab von griechisch *chlóē* = «junges Grün / junges Mädchen». Hauptsächlich verrät er uns aber etwas über die Eltern und deren Mangel an Vorstellungskraft hinsichtlich dessen, was allein ein humoristisch untertalentierter Grundschüler aus diesem Namen zu machen in der Lage ist.

♀ CHOTSANI

Dieser Name ist ein Trick. «Nimm es weg» übersetzt sich dieser Name der Yao aus dem ostafrikanischen Malawi und stellt das Kind als wertlos dar, damit die Geister es nicht haben wollen. Umgekehrte Psychologie sozusagen (siehe

S. 195 f.). Ziemlich gerissen, aber wie bei allen Tricks muss auch dieser funktionieren. Es ist wie bei der Abseitsfalle: phantastisch, wenn sie klappt, eine Katastrophe, wenn nicht.

♂ CHRISTIAN

Christian (lateinisch «zu Christus gehörend») ist ein in der zweiten Hälfte des 20. Jahrhunderts derart beliebter Jungenname gewesen, dass heutzutage wohl keine Eltern mehr auf die Idee kommen werden, ihren Sohn mit einem solchen Allerweltsnamen auszustatten. Es könnte sogar sein, dass es logisch unmöglich ist, ein Kind namens Christian zu gebären, da alle Christians bereits auf der Welt sind.

♂ CIAN

Manx ist wie das Schottische und Bretonische eine keltische Sprache. Man spricht Manx nur auf der Insel Man. Diese liegt in der Irischen See und ist bekannt als Steueroase, Austragungsort des Motocross-Rennens «Tourist Trophy» und dafür, dass sie uns den Namen Cian geschenkt hat. Er bedeutet «Der, der weint». Traurig.

♀ CLAUDIA

Dass Claudia «die Hinkende» heißt und sich vom derart gehandicapten römischen Kaiser *Claudius* ableitet, lesen Sie in jedem zweiten Vornamenslexikon. Aber da dieses Buch gewissenhaft und penibel vorgeht, erfahren Sie hier den neuesten Stand der Forschung, der die Ableitung von Claudius vom römischen Wort für «hinkend» = *claudus* als volksetymologisch und falsch abtut. Deswegen wäre Claudia ein prima Vorname – wenn er nur nicht so dumm klänge.

♂ CONAN

Legendärer Name. Ursprünglich irisch, bedeutet er «kleiner Jagdhund» (gälisch *cú* = Jagdhund, *nán* als Verkleinerungsform). Ziemlich ernüchternd, nicht wahr? *Conan, der Barbar* ein Hündchen? Zugegeben, grad die kleinen Kläffer sind oft ganz schöne Wadenbeißer, aber enttäuschend ist es trotzdem. Nun ja, der stolzgeschwellten Breitschultrigkeit des Namens kann ein bisschen Etymologie nichts anhaben. Das macht das Problem Ihres Sohnes nicht kleiner: Er wird sowohl als Hänfling wie als Muskelprotz verspottet.

♂ CONNI

Eigentlich ist der Name die Kurzform des altehrwürdigen Namens *Konrad* (althochdeutsch «kühn in der Beratung»), doch kennen wir Conni hauptsächlich als eines der Mainzelmännchen, jener unsäglichen ZDF-Maskottchen, die seit einem Modernisierungsversuch zu Anfang des neuen Jahrtausends nur noch biederer und hassenswerter geworden sind. Conni gilt nach Selbstauskunft des hippen Mainzer Teeniesenders als «Vertreter der jeweiligen Jugendkultur» und ist zum Beispiel «als Rapper unterwegs». Ächz.

♀ CONNI

Der weibliche Vorname Conni leitet sich im Gegensatz zur männlichen Variante von *Cornelia* ab, die wiederum auf den alten römischen Geschlechternamen der Cornelier zurückgeht, dessen Bedeutung unbekannt ist. Mädchen werden Conni von der gleichnamigen Kinderbuchfigur kennen. Und wenn Ihre Tochter beginnt, sich mit ihrer fiktiven Schwester zu identifizieren und Sie erklären müssen, warum die ge-

Conni begleitet Ihr Kind in allen Lebensphasen auf spielerische Weise: Mit drei Jahren kommt sie in den Kindergarten, mit sechs auf die Grundschule. Mit 10 geht sie aufs Gymnasium und muss einige Konflikte bewältigen: Mathe ist schwerer als gedacht, und es gibt auch mal Streit mit Freunden oder Lehrern. In Planung ist eine Conni-Reihe für Jugendliche ab 14, dort kommt Conni in die Pubertät und muss sich in der Folge «Conni wird gemobbt» unter anderem mit ihren Eltern herumschlagen, die kein Verständnis dafür haben, dass sie einen eritreischen Drogendealer datet.

zeichnete Conni einfach alles bekommt, reitet, Skiurlaub macht und Sommerferien auf dem Bauernhof verbringt, aber sie selber nicht – dann gnade Ihnen Gott.

♀ CORTINA

Gefühlte 80 Prozent der deutschen Eisdielen heißen Cortina. Dies ist der Name eines Ortes in einem Nebental der Dolomiten, das Ende des 19. Jahrhunderts so unter den zurückgehenden Erträgen aus der eh schon darniederliegenden

Landwirtschaft litt, dass der Großteil der Familien über die Alpen nach Nordeuropa auswanderte und sich dem Eismachen verschrieb. Heimweh werden sie gehabt haben, und deswegen benannten sie ihre bescheidenen Eisbuden häufig nach dem Hauptort ihrer Heimatgegend: dem kleinen Dolomitenstädtchen Cortina. Und darum ist Cortina zwar ein hübscher Name, aber der einer Stadt und nicht der eines Mädchens. Sie nennen Ihr Kind ja auch nicht *Malaga*. Fakt ist natürlich, dass das so manche Hausmutter in den Sechzigern nicht gewusst haben mag. Deswegen laufen heutzutage tatsächlich – wenn auch selten – Frauen um die 50 mit diesem Vornamen durch die Gegend. Der Vater hätte die Mutter wohl über das Missverständnis aufklären können, aber der war ja wieder weg, als das Kind kam, nämlich in Italien.

♂ COSTA

Costa hat es wirklich nicht leicht. Einerseits trägt diesen Vornamen Costa Cordalis, der Muammar Gaddafi des deutschen Schlagers, andererseits hat der Untergang der «Costa Concordia» auch nicht gerade dafür gesorgt, dass die Assoziationen angenehmere geworden sind. Costa ist eigentlich eine Koseform von *Konstantin*, der sich von lateinisch *constans* = «beständig» herleitet. Durch Beständigkeit hat sich zwar Costa Cordalis, nicht aber die Costa Concordia ausgezeichnet. Pech gehabt. Wie Fußballer Andi Brehme schon so zutreffend sagte: Hast du Scheiße am Schuh, hast du Scheiße am Schuh.

♂ D!

D![12] ist einer der größten Unglücksfälle der neueren deutschen Namensgeschichte. Bekannt wurde er als Rufname des Choreographen, Tänzers und Möchtegerns ▸ **Detlef** D! Soost, der sich ihn vermutlich aus Verzweiflung über die Maximalbiederkeit seines bürgerlichen Namens zugelegt hat. Dummerweise ist der Effekt kein cooler, sondern ein komischer – wirklich jeder Name verlöre durch eine so angestrengt-prätentiöse Bemühung seine Würde. Das gilt für Detlef Soost genauso wie für Mutter D! Teresa.

♀ DAGMAR

Dagmar ist ein wirklich sehr unattraktiver Name. Man muss ihm aber zugutehalten, dass er sich von einem noch viel schlimmeren ableitet: Dagmar wurde zwar lange als «berühmter Tag» gedeutet (altsächsisch *dag* = Tag, althochdeutsch *mari* = berühmt), stammt aber in Wirklichkeit vom ursprünglich tschechischen *Dragomira*. Und Dragomira ist als Name von einer so absurden Hässlichkeit, dass Dagmar im Vergleich fast schön erscheint. Doch macht das Dagmar zu keiner besseren Wahl.

---

12 Das Ausrufezeichen spricht man nicht mit.

♂ DANIEL

Bedeutet «Gott ist mein Richter». Selten findet sich ein derart krasser Gegensatz zwischen der altbiblisch donnernden Aufgeladenheit eines Namens und der westdeutsch-spießigen Langweiligkeit seiner Träger. Daniels sind mittelgroß, mittelschlau und mittelhübsch. Man hat sie vergessen, noch bevor sie um die Ecke gebogen sind.

♀ DANUTA

Polnisch, wahrscheinlich eine Nebenform von ▶ Daniel. Danuta ist ein ausgefallener Name, der in Deutschland aus gutem Grund sehr selten ist. Denn Danutas walken in masurischen Nestern Wäsche im Bach – hierzulande reimen sie sich nur auf eine Waffel.

♀ DAVINA

Der eher seltene Mädchenname Davina (weibliche, vor allem schottische Form von *David*) dürfte der Allgemeinheit vor allem durch *Die Geissens* bekannt sein – eine der beiden Töchter der Fernsehmillionärsfamilie trägt diesen Prototyp eines chantalistischen Namens.[13] Was bleiben wird, wenn die Geissens und die Namen ihrer Kinder dem Vergessen anheimgefallen sein werden, ist das Bonmot, das Frau Geissen im Angesicht der Athener Akropolis formulierte: «Wie kann die Akropolis 2500 Jahre alt sein? Wir haben 2011!»

♀ DEIRDRE

Deirdre kommt so nett daher, hat es aber faustdick hinter den Ohren. «Die Tobende» lässt sich dieser gälische Name

---

13 Mit zweitem Namen heißt sie ▶ Shakira, ihre Schwester hört auf Shania Tyra.

übersetzen. Obwohl, hundertprozentig sicher ist man sich mit dieser doch recht negativen Definition nicht – andere Quellen übersetzen Deirdre abweichend mit «Angst», «sorgenvoll» und «mit gebrochenem Herzen».

♂ DENNIS

Dennis kommt von *Dionysos*, und der war ein ganz schlimmer Finger. Als griechischer Gott ja grundsätzlich schon zur Maßlosigkeit neigend, war er ganz im Speziellen zuständig für Wein, Ausschweifung, Fruchtbarkeit und Ekstase. Da kommt ein Name so unschuldig und lammfromm daher wie Dennis, und dann so was. Darum Obacht! Ist das Kind schon ins Wasser gefallen, also bereits getauft, dann bleibt Ihnen nur, die Spirituosen wegzusperren, eine erweiterte Haftpflichtversicherung abzuschließen und Ihre Nichten zu warnen.

♂ DEO

Deva heißt auf Sanskrit Gott, *Dev* ist der daraus abgeleitete indische Vorname, Deo die nordindische Variante. Gegen den Namen ist an und für sich gar nichts zu sagen; für Indien geht er völlig in Ordnung, aber da haben die Götter auch sehr viele Arme, und deswegen ein gänzlich anderes Verhältnis zu Antitranspirationssprays.

♂ DETLEF / DETLEV

Detlef ist die niederdeutsche Form des Namens *Dietleib*. *Diot* heißt althochdeutsch «Volk» und *leiba* «Erbe». Ist aber auch egal. Diesen Namen *würden* Sie Ihrem Kind gar nicht geben, da muss man übers *Sollen* nicht sprechen. Detlef ist durch eine seltsame Verkettung an und für sich völlig unbedeutender Vorgänge ab den siebziger Jahren zu einem meist abwertenden Synonym für schwule Männer geworden. Herrenhandtaschen wurden damals zum Beispiel als Detlevtäschchen oder Detlevschleuder bezeichnet. Dann also doch besser Dietleib.

! NUMEROLOGIE – NAMEN NACH ZAHLEN

Unter Numerologie versteht man die Deutung von Zahlen und Zahlenverhältnissen als Manifestation kosmischer und göttlicher Energie in Bezug auf das menschliche Schicksal. Beispiel gefällig? Der erste Satz hatte 147 Buchstaben, die Quersumme daraus ist die 12. Diese steht im Alten Testament für die zwölf Stämme Israels, im schiitischen Islam für die zwölf Nachfolger des Propheten Mohammed und bei Ihrem Lieblings-Thai für Huhn mit grünem Curry und Thai-Basilikum.

Ja, so kann es gehen: Sie bestellen beim Pizza-Service Quattro Stagioni, entdecken im Vorbeigehen (sozusagen *to go*) die Weltformel und haben es noch nicht einmal mitbekommen. Gerade essen Sie zum Nachtisch das Tiramisu, derweil fahnden 1000 Kilometer weiter südlich die Forscher am CERN verzweifelt nach dem fehlenden Quark.

Manche Zahlen sind populärer als andere. Am bekanntesten sind sicherlich die Unglückszahlen: die klassische 13, die mythenumwobene 23 (die vor allem als Symbol illuminatischer Weltverschwörung gilt) und die Zahl des Antichristen 666. Fehlen darf natürlich nicht die 3 – eine ganz besondere Zahl, siehe die Auferstehung Jesu am dritten Tage, die Dreifaltigkeit, die Drei Heiligen Könige und die drei Fragezeichen.

Auch bei der Namenswahl bedient man sich gerne numerologischer Kriterien. Das Prinzip ist leicht erklärt: Den Buchstaben des Alphabets werden aufsteigend die Zahlen 1 bis 9 zugeordnet. Zu A gehört dementsprechend die Zahl 1, zu J die Zahl 9. Bei K fängt das Durchzählen von vorne an, und so zieht sich das bis zum Z, einer 8, durch.

Um nun seine Namenszahl, die «Kreativzahl», herauszufinden, addiert man die zu den Buchstaben gehörenden Zahlen von Vor- und Nachnamen und zieht daraus die Quersumme. Und voilà: Der Lebensweg ist gewählt. Der ist vielleicht nicht planiert und asphaltiert, aber so einen Trampelpfad durchs Dickicht des Schicksals hat man seinem Nachwuchs durchaus angelegt.

Doch Vorsicht ist geboten. Denn in der Natur der Sache liegt es, dass kleine Abweichungen bei der Schreibung zu völlig anderen Kreativzahlen führen. Für **Markus** zum Beispiel ermittelt sich die Kreativzahl 2, und als solch ein Zweier-Typ ist er ein guter Lehrer und Vater, der sich selbst für die höhere Sache zurücknimmt. Schreibt er sich aber **Marcus**, wird ihm die Kreativzahl 3 zuteil, und die Dreier haben im Gegensatz zu den Zweiern einen hohen persönlichen Ehrgeiz. Gleiches gilt für **Denis / Dennis, Detlev / Detlef, Luise / Louise** und viele mehr.

Es wird schnell klar: Sinn macht das numerologische Verfahren keinen. Sie können den Namen Ihres Kindes ebenso gut auskniffeln. Warum sollte einem historisch und regional bedingten System, wie es das lateinische Alphabet nun mal ist, ein immanenter Sinnzusammenhang zu kosmischen Gesetzen innewohnen? Als würde es das Universum interessieren, welches Sprachsystem derzeit auf der Erde gültig ist.

Deswegen: Wollen Sie mystischen Beistand bei der Namensfindung für Ihren Nachwuchs, befragen Sie besser das Frittenorakel.

♀ DIANA

Ehemals Göttin der Jagd, heutzutage nur noch der Name eines der beliebtesten und umsatzstärksten Toilettensitzmodelle Deutschlands, noch vor ▸ **Cortina**. Wie konnte das nur passieren? Wahrscheinlich wegen der Princess of Wales, die nur froh sein kann, dass sie das Zeitliche gesegnet hat, weil sie so diese beschämende Entwicklung nicht mehr mitbekommen musste. Der Name jedenfalls bedeutet «hell glänzend». Das passt ja, denn wenigstens das möchten wir uns vom Toilettensitz wünschen.

♂ DICK

Mit wenigen Namen kann man mehr falsch machen als mit diesem. Eigentlich eine englische / amerikanische Koseform von Richard, bedeutet Dick dort faktisch «Pimmel» und hier «fett». Schlimmer geht's nimmer.

♂ DIETER

Bedeutungsmäßig ein alter Bekannter: althochdeutsch *diot* = «Volk», *her* = «Heer» (▸ **Volker**). Dieter ist ein Fahrlehrername. Leider gibt es nicht so viele freie Stellen wie Namensträger, sodass alle übrigen Dieters ihren Hang zu Herrenhandtaschen nicht sublimieren können und über kurz oder lang in der Eckkneipe landen. Dort trinken sie einen über den Durst und verlieren auf dem Heimweg auch noch ihren Führerschein. Tragisch.

♀ DIMA

Bei Dima haben wir es mit einem aus Arabien stammenden Namen zu tun, wo der kostbare Regen so rar ist, dass man sich direkt die Sintflut herbeiwünscht: «Dauerregen» bedeutet dieser Name, aber das braucht hierzulande wirklich keiner.

♀ DINA

Dina ist nicht nur Kurzform von auf -*dina* und -*dine* endenden Namen (z. B. *Bernhardine*), sondern auch ein eigenständiger Vorname hebräischen Ursprungs, der so etwas wie «der zum Recht verholfen worden ist» bedeutet. Davon hat die kleine Dina leider nichts: Sie wirkt stets wie eine Sächsin, die *Tina* nicht richtig aussprechen kann. Mein Noome isd Dina, vörbibsch noo mol!

♀ DOFI

Dofi ist ein bei den ghanaischen Ewe recht gängiger Vorname, der an das zweite Kind nach einer Zwillingsgeburt vergeben wird. Im Deutschen wirkt der Name eher unglücklich.

♀ DOLORES

Ein heftiger Name. Spanisch / Lateinisch: «die Schmerzensreiche / Mutter der Schmerzen». Das bezieht sich auf die sieben schmerzhaften Erfahrungen im Leben Marias. Bei allem Respekt: Solch schweres Gepäck möchte man doch keinem Kind mit auf den Weg geben. Sollten Sie trotzdem noch unschlüssig sein, hier ein kurzes Zitat zur finalen Abschreckung von ▶ **Peter** Alexander: «Das machen nur die Beine von Dolores, dass die Señores nicht schlafen gehen. Denn die Toreros und Matadores, die wollen Dolores noch tanzen sehen.» Na? Schmerzensreich, eben.

♀ DOREEN

Bei diesem Namen handelt sich um eine mit der irischen Endung -*een* gebildete Nebenform von *Dora* (von *Dorothea*, griechisch «Gottesgeschenk»). Doreen ist somit einer der wenigen ur-chantalistischen Namen, die nicht französischen Ursprungs sind. Maßgeblich war hier sicherlich die jambi-

Die vierzehn phantasielosesten Vornamen der ghanaischen Akan

Die ghanaischen Akan machen es sich relativ einfach mit ihren Vornamen. Gerne benennt man die Kinder nach dem Wochentag ihrer Geburt, zum Beispiel Mittwoch. Kommen nachfolgende Kinder am selben Wochentag zur Welt, zählt man sie einfach durch: Mittwoch der zweite, Mittwoch der dritte, usw. usf. Einerseits phantasielos, andererseits irgendwie smart. Was aber die Übersicht über den Freundes- und Bekanntenkreis angeht, ist das System freilich problematisch.

1. ♂ Kwado: geboren an einem Montag
2. ♀ Ejo: geboren an einem Montag
3. ♂ Ebo: geboren an einem Dienstag
4. ♀ Abla: geboren an einem Dienstag
5. ♂ Kuuku: geboren an einem Mittwoch
6. ♀ Akua: geboren an einem Mittwoch
7. ♂ Ekwo: geboren an einem Donnerstag
8. ♀ Yaaba: geboren an einem Donnerstag
9. ♂ Kofi: geboren an einem Freitag
10. ♀ Afua: geboren an einem Freitag
11. ♂ Kwame: geboren an einem Samstag
12. ♀ Awo: geboren an einem Samstag
13. ♂ Kwesi: geboren an einem Sonntag
14. ♀ Esi: geboren an einem Sonntag

sche Betonung[14], die den Erzeugern attraktiv und exotisch vorkam. Eltern einer Doreen sagen auch «Tee-Servih» und «Entrecoh», weil sie stolz darauf sind zu wissen, dass Franzosen den letzten Buchstaben nie mitsprechen.

♂ DSCHIHAD

Gesundheit! Spaß beiseite: Dschihad ist ein sehr umstrittener Name in Deutschland (▸ **Osama**). Häufig verkürzt mit «Heiliger Krieg» übersetzt, bedeutet er eher «Kampf auf dem Weg Gottes». Man sollte sich nur sicher sein, welcher jetzt *genau* der Weg Gottes ist, bevor man auf ihm kämpft und eventuell das eine oder andere Unheil darauf anrichtet.

♀ ~~ĐURĐA~~

Kroatisch. Der Autor musste sich ein sehr teures Update für sein Schreibprogramm kaufen, um diesen Namen überhaupt in die Liste aufnehmen zu können. Daran sehen Sie, wie wichtig es ihm ist, dass Sie ihn nicht versehentlich aussuchen. Leider ist ihm die Bedeutung weiterhin unklar. Er hätte in ein kroatisches Vornamenslexikon plus eine Übersetzungssoftware investieren müssen, und der Vorschuss vom Verlag reichte nicht mehr.

♂ DURS

Durs ist ein seltsamer, hässlicher kleiner Name, der manchen Eltern durch seinen archaischen Klang attraktiv erscheinen mag. Sie berufen sich auf die Vermutung einiger Etymologen, Durs leite sich möglicherweise von althochdeutsch

---

14 Der Jambus ist ein Versfuß, bei dem eine betonte auf eine unbetonte Silbe folgt. Was wissen Sie eigentlich?

turs = «Dämon / Riese» ab. Wahrscheinlicher ist es aber nur das Wort Durst ohne t.

♂ DUSTIN

Ein weiterer Fall eines ursprünglich englischen Familiennamens ungeklärter Bedeutung, der mit der Zeit zum Vornamen geworden ist. Ein schwieriger Fall: Das Problem mit Dustin[15] ist einerseits, dass alle auf *-in* endenden Namen wegen ihrer Ähnlichkeit mit *Kevin* in assoziative Sippenhaft kommen – so wie *Melvin*, *Justin*, *Collin* und *Joaquin*. Da kann er noch so wohlerzogen sein und ein schlaues Kerlchen. Das Problem andererseits ist natürlich Dustins niedrige Aggressionsschwelle und die Sache mit ▶ **Thaddäus** und der Papierschere.

♂ DYLAN

Dylan ist ein kevinistischer Name par excellence. Den Eltern mag die vage Vorstellung eines intellektuellen Bezugs im Kopf herumgespukt haben – dabei haben sie freilich weder von Dylan Thomas noch von Bob Dylan[16] je etwas gehört. Im heimatlichen mp3- und Bücherschrank findet sich von den beiden jedenfalls nichts, dafür aber alles von Unheilig.

15 Gerne auch in der Form *Dastin*. Da ist dann wirklich Hopfen und Malz verloren.

16 Einer der wenigen Fälle, in denen Vor- zu Nachnamen geworden sind. Bob Dylan hieß eigentlich Robert Zimmerman und wählte seinen Künstlernamen aus Bewunderung für den Vornamen des walisischen Dichters Dylan Thomas.

♂ EBERHARD

Althochdeutsch. *Eber* bedeutet Eber, *hard* hart. Das war doch einfach. Tiervergleiche sind im deutschen Sprachraum gar nicht so häufig, wie man denken mag. Man trifft des Öfteren auf einen Wolf *(Wolfgang, Rudolf)*, seltener auf einen Bären *(Bernhard)*, nie auf ein Kaninchen. Schade eigentlich. Ein Name wie *Hashard* (starker Hase) wäre doch etwas. Oder *Honmar*: das berühmte Huhn! Aber die gibt es nicht. Stattdessen nur kräftige Eber und berühmte Wölfe. Einfallslos.

♂ EITEL

Bevor das deutsche Wort «eitel» seine heutige Bedeutung von «prahlerisch, eingebildet, selbstgefällig» annahm, meinte es früher eher «rein, unverfälscht, nur». Unsere Redewendung «eitel Sonnenschein» zeugt noch von dieser Bedeutung. Im Mittelalter tauchte Eitel als Vorname auf und wurde später vor allem vom Adel verwendet, um in Kombination mit einem anderen Vornamen anzuzeigen, dass der Träger nur einen einzigen Namen trägt. Beispielsweise *Eitelhans*: nur Hans. Das Nachdenken über die Taktik, zwei Namen zu verwenden, um zu verdeutlichen, dass man nur einen Namen hat, verdreht einem ordentlich das Gehirn. Aber natürlich ist der Name auch sonst eher schlimm und taucht in der Moderne dementsprechend kaum noch auf. Bekannter Namensträger ist der zweite Sohn Wilhelms II., Eitel Fried-

Die zehn Namen mit den am wenigsten schmeichelhaften Tierbedeutungen

Jede Sprache kennt Vornamen, die sich auf Tiere beziehen. Seit Urzeiten ließ man sich bei der Namensgebung von der Vorstellung leiten, dass die Eigenschaften des Genannten auf den Namensträger übergehen. Das ließ die kriegerischen Germanen zu Vergleichen mit Wölfen (▶ **Adolf**) und Keilern (▶ **Eberhard**) greifen, während man sich in anderen Gefilden entspanntere Tiere aussuchte, so etwa in Vorderasien Gazellen (▶ **Tabea**) oder in Griechenland Bienen (▶ **Melitta**).

Doch nicht immer sind die Analogien so gelungen. Auch wenn auf diesem Planeten jedes Leben ein sinnvolles ist und einen Zweck erfüllt (ausgenommen Makler), bleiben manche Vergleiche rätselhaft. Ein Mädchen Elefant *(Erin)* zu nennen, wie man es in Nigeria tut, ist unangebracht. Und ein Lachs *(Bradan)*, wie manch ein Kelte seinen Sohn nennt, ist sicherlich kräftig, kann springen und legt weite Distanzen zurück. Aber machen wir uns nichts vor, er ist und bleibt ein Fisch.

1. ♂ **Anansi**: Spinne (ghanaisch)
2. ♂ **Coyah**: Schlange (Guinea)
3. ♂ **Bradan**: Lachs (keltisch)
4. ♀ **Dahinda**: Ochsenfrosch (indianisch)
5. ♂ **Dumculu**: schwarze Wespe (Südafrika, Xhosa)
6. ♀ **Erin**: Elefant (nigerianisch)

7. ♂ **Fezela**: Skorpion (Südafrika, Nguni)
8. ♀ **Gende**: Ameisenkönigin (Südafrika, Xhosa)
9. ♂ **Luzige**: Heuschrecke (malawisch)
10. ♂ **Quinn**: Affe (normannisch)

rich Prinz von Preußen. Um die geistige Gesundheit unseres letzten Kaisers stand es bekanntlich nicht zum Besten.

♂ EKENEDILICHUKWU

«Lobpreiset alle Gott!» bedeutet dieser Name in der nigerianischen Igbo-Sprache. Ja, wie denn? Wir können uns doch noch nicht mal den Namen merken.

♀ ELKE

«Elke ist so niedlich, Elke ist mein Schwarm, im Sommer gibt sie Schatten, im Winter hält sie warm – Elke, die fette Elke!» So weit die Ärzte zu Elke. Und was sagt uns das Lexikon? Elke ist die friesische oder niederdeutsche Form von *Adelheid* und bedeutet «von edlem / vornehmem Wesen». Ja, aber was nutzt das dem adipösen Töchterlein? Edel und fett, das ist sonst nur noch Trüffelleberwurst. Die mögen Sie? Auf, nennen Sie Ihr Mädchen Elke!

♂ ELLIOTT

Mit Elliott (englisch, geht zurück auf *Elias*) verbinden uns große Gefühle: Dies war der Vorname des Jungen, der E.T. fand, sich mit ihm befreundete und ihn rettete. Wir lieben ihn dafür. Der Name ist aber in Deutschland kaum praxistauglich: Ihr Gegenüber wird nie wissen, ob Sie nun Elliott oder L.J. heißen.

♂ ELVIS

Herkunft und Bedeutung dieses Namens sind unklar. Das wird dem einzigen berühmten Namensträger, Elvis Presley, behilflich gewesen sein. Mit einem Allerweltsnamen wie ▶ **Ernst** oder ▶ **Malte** wär er bestimmt nicht in den Olymp des Rock'n'Roll aufgestiegen. Vielleicht wäre aber dann auch sein Fall nicht so tief gewesen! Denn Elvis Presley, Idol von Millionen, starb bekanntermaßen dick und unglücklich als berühmteste Couch Potatoe der Welt. Elvis the Pelvis war Geschichte. Hätte Hugo die Hüfte ein ähnlich klägliches Ende genommen? Vermutlich nicht. Ein Name kann ein Fluch sein – oder wie die Franzosen sagen: *Qui tient l'anguille par la cui il ne l'a mie.*[17]

♀ EMMA

Emma, ein alter deutscher Name, ist die verselbständigte Kurzform aller mit *Ermen-* oder *Irmin-* beginnenden Namen. Hätte Alice Schwarzer es sich wohl träumen lassen, dass der für ihre Zeitschrift eher ironisch gemeinte Titel sich im Zuge der neuen Bürgerlichkeit zu einem der beliebtesten Mädchennamen aufschwingen würde? Wahrscheinlich nicht. Emma war in den Siebzigern ein waschechter Oma-Name, mit dem sich ein leidlich lustiges Wortspiel Emma / Emanzipation herstellen ließ. Mit Emanzipation haben die Eltern heutiger Emmas aber nichts mehr am Hut. Im besten emilistischen Sinne ist der Name meistens nichts weiter als biedermeierliche Dekoration: ein Accessoire, passend zum Schleifchen in Püppis Haar.

---

17 Möglicherweise: «Wer den Aal hält, um ihn zu kochen, hat ihn nicht gefangen.» Für eine zutreffende Übersetzung wenden Sie sich bitte an Personen mit Französischkenntnissen.

Als Emilismus bezeichnet man das Phänomen des modischen Rückgriffs auf deutsche, als traditionell und bürgerlich empfundene Namen. Namen, die noch vor ein paar Jahren als so altmodisch galten, dass man sie höchstens ironischerweise dem Haustier gab. Doch von diesem Zwischenwirt sind die emilistischen Vornamen nun auf die Kinder gelangt, so zielstrebig und hartnäckig wie Spulwürmer.

Der Neokonservatismus, der aus dem Emilismus spricht, ist (wie der Name schon sagt) keine Erscheinung, die vornehmlich in traditionell bürgerlichen Kreisen zu beobachten ist: Gerade bei den sich eher links und künstlerisch einordnenden barttragenden Eltern der New Bohème dominiert der Trend; man glaubte sich bei all den Emmas, Marthas, Pauls und Emils glatt im 19. Jahrhundert, stünden auf den 140 m² frischgeschliffener Parkettböden der Berliner Gründerzeit-Beletagen nicht die leeren Club-Mate-Flaschen im Altglaskorb.

Denn während das alte Geld seine Kinder schon immer **Karl**, **Theodor** und Guttenberg nannte, erhebt jetzt auch der Zeitgeist seinen Anspruch auf die so biedermeierlichen Namen. Eine ziellose Generation, die sich in der global-digitalen Alles-ist-möglich-Beliebigkeit verliert, versucht sich über die Vornamen ihrer Kinder in der Nostalgie zu verankern, so wie sie ihre digitalen Fotografien künstlich auf retro trimmt.

So ist es doch: Wir lassen unsere allzu realistischen Bilder der allzu realistischen Wirklichkeit artifiziell altern, um uns in der restlos störungsfreien High-End-Auflösung dieser Welt nicht selber aufzulösen; und genauso versehen wir die Na-

---

2   Das ist keine Fußnote, das heißt Quadratmeter, Sie Trottel.

men unserer Kinder mit einer weichzeichnenden Patina der Heimeligkeit und wärmen uns an der perfekten Simulation wie an der Aufzeichnung eines Kaminfeuers.

Dabei entsteht aus der Gleichzeitigkeit von Berufsjugendlichkeit und traditionsbehauptender Rückwärtsgewandtheit der hübscheste Kontrast. Denn nur weil die Namen jetzt so alt sind, ändert sich an der Verantwortungsangst dieser Generation ja nichts. Statt der *Neon* liest man halt die *Nido*, die Große-Schwester-Zeitschrift für junge Eltern. Und schiebt den gefürchteten Alterungs- und Reifeprozess, den sogenannten Ernst des Lebens, noch ein Stück weiter auf. «Eigentlich sollten wir erwachsen sein», wirbt die Prokrastinationspostille *Neon* zutreffend, und jetzt bekommen deren ergraute Leser selber Kinder, rufen panisch «40 ist das neue 30» und wechseln das Abo.

Man darf gespannt sein, was als Nächstes kommt und wie lang sich der Emilismus und seine Vertreter halten. Wenn es schon so weit ist, dass Deutschlands Versicherungen den dachterrassenkompatiblen Fünftagebartstreber zum Leitbild ihrer schleimigen Werbe- und Würgekampagnen erkoren haben, kann es nicht mehr lang dauern, bis die ganze Blase platzt.

Und dann? Keine Ahnung. Höchstwahrscheinlich heißen kaum welche der Babys kommender Generationen noch Emil und Emma, das wird allen entsetzlich peinlich vorkommen und total out sein. Mag sein, dass sich künftige Eltern anstatt an ausgelaufenen Modewellen lieber an stabilen Werten orientieren werden. Ihre Kinder werden dann **Günther** heißen, **Helga** und **Horst** – in Erinnerung an die gute alte Zeit.

♂ ENIS

Enis ist ein Name türkischen Ursprungs, den wir in der Variante *Anis* als bürgerlichen Vornamen des deutschen Deppen-Rappers Bushido kennen. Er bedeutet «Freund» und reimt sich auf Penis. Wer sich trotzdem für diesen Namen entscheidet, sollte die Sache dann aber auch durchziehen und seine Tochter *Uschi* nennen.

♂ ER

Biblisch. Sohn des Juda, Bruder von ▸ **Onan**. Sollten Sie sich dafür entscheiden, Ihren Sohn Er zu nennen, kann es zu Verwicklungen kommen, vor denen zu warnen ist und von denen eine hier beispielhaft als kleiner Dialog zwischen ihr und Er ausgebreitet werden soll:

Sie: Wie heißt du?
Er: Er.
Sie: Nein, du.
Er: Er.
Sie: Er interessiert mich nicht.
Er: Ich bin Er.
Sie: Verpiss dich, Schizo!

♀ ERDMUTHE

Ein Name wie eine offene Biotonne. Stammt aus dem pietistischen 17. Jahrhundert und wurde dem Mädchen gegeben, das seiner gestorbenen Schwester nachgeboren wurde, um sie der Erde zu verbinden. Schöne Geschichte, aber schlimmer Name. Und die familiären Voraussetzungen sind ja irgendwie auch niemandem zu wünschen. Nein, Erdmuthe lassen wir schön bleiben.

♀ ERIKA

Tatsächlich: Erika Mustermann (geb. Gabler) gibt es noch. Das ist wirklich erstaunlich. Erika ist so unrettbar out, dass es einen sehr wundert, dass der Name immer noch als Platzhalter für deutsche Personalausweise und andere Dokumente verwendet wird. Es wird nicht mehr lang dauern, bis Deutschland bereit ist für Brianna-Jolie Mustermann.

♂ ERNST

Ernst ist ein Vorname, der im Zuge des Emilismus in Mode kommen wird. Gleichzeitig lädt er aber auch zu manchem Wortspiel ein. Dazu ist nie zu raten. Es sind erstens die meisten Wortspiele durch Oscar Wilde und seine Komödie *Ernst sein ist alles* eh schon abgedeckt, zweitens sind alle verbleibenden eigentlich langweilig, weil sie keine Zusammenhänge herstellen, die nicht eh schon existieren: Ernst bedeutet auf Althochdeutsch ernst. Im Englischen gibt es den Namen auch, da heißt er *Ernest*. Bedeutet ebenso ernst. Darum: Ernst beiseite.

♀ EVA

Ein Name, dem selbst Fräulein Braun nichts anhaben konnte. Unkaputtbar. Nichtsdestotrotz nie in den ganz vorderen Rängen bei den anderen Klassikern, etwa ▸ **Anna** und *Marie*. Schon biblisch die Nachzüglerin. Daher immer diese «Ich will auch!»-Attitüde, das grundlos Unbefriedigte. Eva: die ewige Zweite. Was der Name bedeutet, weiß man übrigens auch nicht so genau. Anscheinend nicht so wichtig.

Weiterhin eine der berühmtesten Evas ist Eva Braun. Sie heiratete
Adolf Hitler erst in der Nacht vor ihrem gemeinsamen Selbstmord und
führte somit eine der kürzesten Promi-Ehen aller Zeiten, noch vor
Dieter Bohlen und Verona Feldbusch.

♀ FANTA

Westafrikanischer Vorname, dort relativ häufig. Er bedeutet «schöner Tag». Wir leben hier aber in Deutschland, und da ist Fanta kein Name, sondern eine Limonade. Wollen Sie trotzdem etwas aus derselben Gegend mit Getränken in der Verwandtschaft, nehmen Sie *Mesi*, das bedeutet «Wasser» und ist weniger süß.

♂ FATBARDH

Die Albaner haben einen seltsamen Sinn für Humor. Er zeigt sich in den Namen, die sie ihren männlichen Nachkommen geben (▶ **Shpend**). Einer der hilariösesten ist Fatbardh. *Fat* ist das «Schicksal», *bardh* ist die Farbe Weiß. Das bedeutet aber nicht «weiß gestrichenes Schicksal», sondern im übertragenen Sinne «Mensch mit viel Glück im Leben». Ja, das wünschen wir auch, der kleine Fettbart wird es brauchen.

♀ FEE

Kitsch as Kitsch can. Wir müssen dem Namen zugutehalten, dass er keine neudeutsche Erfindung elterlicher Originalitätssucht ist, sondern seit Beginn des 20. Jahrhunderts belegt ist, als Kinder eher kriegsvorbereitende Namen bekamen als überpoetische. Das ändert nichts daran, dass Fee ein furchtbar alberner Name ist, der ins Märchen gehört und nirgendwo andershin.[18]

♀ **FELINA**

Den Namen Felina wird jeder Lehrer stillschweigend zu *Celina* verbessern, weil er glaubt, die Kleine lispelt. Dann tut es auch nichts mehr zu Sache, dass der Name wahrscheinlich eine Ableitung von *Felix* darstellt und somit aus dem Lateinischen kommend irgendwie mit «glücklich» zusammenhängt. Eine goldene Regel der Namensgebung lautet: Dein Kind sollte bei der Nennung des eigenen Vornamens nicht klingen, als hätte es einen Sprachfehler.[19]

♀ **FENELLA**

Ein Name wie eine Margarine. In Wahrheit aber ein aus dem Englischen übernommener, ursprünglich gälischer Name. Dort lautet er *Fionngula* (*fionn* = weiß + *guala* = Schulter). Da kann es leicht zu Missverständnissen kommen: Mit *Fenella* kann man backen, kochen und braten, aber sich nicht die Schulter einreiben – klar, dass sie dann weiß wird.

♀ **FERNANDO**

Ist Ihnen schon mal aufgefallen, dass Frauenzeitschriften *Petra*, *Brigitte* und *Lara* heißen, Männerzeitschriften aber nicht *Günther*, *Manfred* oder *Hans-Georg*? Ähnlich verhält es sich mit Liebesliedern. Die Männer singen sich an den Namen der geliebten Frauen die Kehle wund («Anita», «Oh Mandy», «Juliet», «▸ Michelle»), aber Männernamen preist keine Frau.

---

18 An Fee lässt sich beispielhaft eine Problematik beschreiben, die immer wieder auftaucht, wenn Namen vergeben werden, die zu viel Erwartungsdruck erzeugen: Sie nennen Ihr Kind Fee, weil Sie sich ein zartes, engelsgleiches und goldlockiges Wesen erhoffen. Was Sie bekommen, ist ein Pummelchen mit fettigen Haaren, das unter «Fee» wesentlich mehr leidet als unter einem adäquat plumpen Namen (▸ **Umma**).

19 Ehrlich gesagt gibt es diese goldene Regel nicht, dann aber dafür ab jetzt.

Die zehn hässlichsten albanischen Vornamen

Albanien ist ein geheimnisvolles Land. Obwohl die Öffnung des Eisernen Vorhangs bereits ein paar Jahre zurückliegt, bleibt uns der kleine Mittelmeerstaat weiterhin fremd. Das gilt auch für die Vornamen. Die männlichen unter ihnen klingen größtenteils, als hätte sie sich J. R. R. Tolkien für *Herr der Ringe IV* ausgedacht, und zwar für die Bösen. Leider wirken die Frauennamen nicht im Umkehrschluss anmutig, sondern regelrecht garstig. Doch Schönheit liegt im Auge des Betrachters, und so kann es durchaus sein, dass *Frenk* und *Fatlinda* in albanischen Ohren klingen wie hierzulande *Romeo-Levin* und *Marie-Lena*. Wissen kann man das nicht. Albanien ist ein geheimnisvolles Land.

1. ♂ Agron
2. ♀ Blerta
3. ♂ Egzon
4. ♀ Fatlinda
5. ♂ Fisnik
6. ♀ Flutura
7. ♂ Frenk
8. ♂ Tomorr
9. ♀ Shqiponja
10. ♂ Xhon

Das müssen die Herren schon selber erledigen: Frank Zander in «Hier kommt Kurt», Falco in «Rock me Amadeus», Mike Krüger in «Mein Gott, Walter». Ausnahmen kennen wir nur zwei. Das sind Vicky Leandros «Theo, wir fahren nach Lodz» und ABBAs «Fernando». Wobei Vicky Theo nicht anschmachtet, sondern eine Mitfahrgelegenheit ins Städtchen braucht. Und im Fall von Fernando (gotisch, «kühner Beschützer») sitzen zwei Männer am Lagerfeuer und erinnern sich an den Krieg. Also, na ja. Furchtloser Flakschütze Ferdinand? Dann doch lieber mit Theo nach Lodz.

♀ FIDELIUS

Das uns bekannte Wort «fidel» im Sinne von «heiter» ist zwar nicht die Bedeutung dieses ursprünglich lateinischen Vornamens, sondern «treu» und «zuverlässig». Trotzdem transportiert dieser Name eine so ätzende Mischung aus Dünkel und aufdringlicher Heiterkeit, dass es Fidelius' Mitmenschen unweigerlich danach verlangen wird, dem Namensträger die Fresse zu polieren. Den Autor dieser Zeilen ausdrücklich mit eingeschlossen.

♀ FLORIANE

Floriane ist nicht die Mehrzahl von Florian, sondern dessen weibliche Form (lateinisch *florus / flavus* = blühend, blond). Vielleicht braucht man aber gar nicht zu allen Namen ein geschlechtliches Gegenstück! Man möchte doch auch mal etwas für sich haben und nicht immer alles teilen müssen. Frauen, ihr habt doch genug Namen! Eberhardia! ▸ **Nikolette**! Guntherine! Lasst den Männern doch ihren Florian, er hat es schon schwer genug.

Häufig sind sich werdende Eltern nicht sicher oder einig über die richtige Anzahl der Vornamen für ihr Baby. Dabei ist die Antwort relativ einfach. Hier gilt das alte Motto «Weniger ist mehr» – und so sind drei das Maximum an Vornamen, die Sie Ihrem Kind zumuten sollten. Was die Frage der Verteilung angeht, gibt es keine Vorschrift: An wen Ihrer diversen Ahnen, Paten und Ex-Affären Sie die drei zur Verfügung stehenden Plätze vergeben, ist generell allein Ihnen überlassen.

Relativ üblich ist es freilich, die Namen der Großeltern weiterzugeben. Ein Kind hat zwar im besten Fall ihrer vier, von denen kommen aber nur zwei in Frage, wenn man, was sich anbietet, das Geschlecht des Kindes mit berücksichtigt. Damit können Sie nicht viel falsch machen. Achten sollten Sie nur darauf, dass Sie beim Kombinieren von Namen, die dem unterschiedlichen Stilempfinden getrennter Generationen unterliegen, auf das Vermeiden eines komischen Effekts achten. Als suboptimal zu bezeichnen sind beispielsweise Verknüpfungen wie **Tyson Erich** oder **Keisha Ottilie**.

Achtung auch bei Alliterationen. Schon im einpaarigen Normalfall haben diese eine Tendenz zum Unnatürlichen, ja Affigen. Nicht umsonst heißen sowohl Comicfiguren wie Superhelden überwiegend alliterativ (**Peter Parker, Gustav Gans**). Und so ist **Klaus Kinkel** nicht mehr weit entfernt von **Claas Clever**. Unterlassen Sie in jedem Fall Dreifach-Alliterationen (**Bastian Balthasar Bux**), damit machen Sie sich lächerlich.

Mit drei Vornamen sind Sie dann an der absoluten Obergrenze angekommen. Wobei das keine Frage von gesetzlichen Bestimmungen ist: Fünf verschiedene akzeptiert jedes Standesamt ohne Murren. Das Problem ist ein anderes – das

Kind wie Sie selber kommen als ganz schön geltungssüchtig rüber. Das Vorrecht auf viele Namen ist historisch eines des Adels; und Normalbürger, die mal so richtig auf die Kacke hauen wollen, ohne dafür den Kreditrahmen zu sprengen, die spendieren sich selbst und ihrem Kind einen solchen Vornamensteinbruch und kommen sich schon ein Stück erhabener vor. Die Standesämter spielen im Normalfall mit.

Irgendwann ist es aber auch mal gut: 1998 wollte eine Mutter in Nordrhein-Westfalen für ihr Kind zwölf Vornamen durchbringen. Sie nannte ihren Sohn **Chenekwahow Tecumseh Migiskau Kioma Ernesto Inti Prithibi Pathar Chajara Majim Henriko Alessandro**. Das Landgericht Düsseldorf dampfte die Liste auf vier ein, das Oberlandesgericht gestattete ihr noch einen fünften, dann war Schluss.

Sie hätte es machen sollen wie Exminister Guttenberg: Der hat sich von vornherein auf zehn Vornamen beschränkt und ist damit problemlos durchgekommen. Zu behaupten, das sei eine Neuinterpretation des alten lateinischen Spruchs **Quod licet Jovi, non licet Bovi** und stelle im angeblich demokratischen Deutschland eine Ungleichbehandlung dar, ist natürlich albern und aus der Luft gegriffen. Und sowieso: Schauen Sie sich die Exemplare doch noch mal genau an. **Karl-Theodor Maria Nikolaus Johann Jacob Philipp Franz Joseph Sylvester**. Wollen Sie mehr als fünf davon haben? Doch wohl eher nicht.

♀ **FORUZ**

Aus dem Persischen. Berühmt-berüchtigt als weltgeschichtlich erster Scherzartikel ist das legendäre Foruzkissen. Der Name bedeutet auf Persisch «glänzend, hell», was immerhin ein Stück besser ist als «laut, feucht», woran man bei Foruz unweigerlich denken muss.

♀ FUJO

Fujo klingt absolut japanisch, ist aber afrikanisch, und zwar Suaheli. Es bedeutet «Geboren, nachdem die Eltern sich getrennt haben». Autsch.

♂ FYNN / FINN

Bitter für Sie: Gerade haben Sie noch unter ▸ **Leon** nachgeschaut, und nun geht es hier auch noch gegen Fynn. Aber der Name ist ein 1-a-Nachfolgekandidat für ▸ **Kevin**, und wo das endet, das wissen Sie, nämlich bei Flachbildfernseher und Hartz IV. Der Name mag Ihnen modern und süß vorkommen; originell, intelligent und außergewöhnlich, aber Fynn (von gälisch *fionn* = weiß / hell / blond) ist nichts anderes als ein Hype, und ein Hype ist eine Blase, die irgendwann platzt. Und dann stehen Sie da mit Ihrem hypothekbelasteten Haus, dem leeren Carport und einem Sohn auf den Arm, dessen Name flotter als Flitzekacke nach unten durchgereicht wurde und ihm ein ewiger Fluch sein wird. Lächerliche Namen gibt es genug, suchen Sie sich einen anderen.

♂ GALT

Dieser sehr hässliche Name leitet sich ab vom friesischen *Galtet*, was sich wiederum aus germanisch *gail* = «lüstern» und altfriesisch *tet/tat* = «zart/anmutig» zusammensetzt. Galt ist also gleichzeitig lieblich und willig. Mit Verlaub, das ist ganz schön unappetitlich.

♂ GARLIEB

Alles hat seine Grenzen. Und hier wurde eine überschritten. Garlieb bedeutet tatsächlich nichts anderes als «gar/sehr lieb». Es ist nachvollziehbar, dass Namen auch dazu da sind, dem Kind die Wünsche der Eltern mit in die Wiege zu legen, aber Sie sollten nicht so selbstsüchtig sein. Wie soll Ihr Sohn Garlieb jemals ein Mädchen kennenlernen? Sie wissen doch, dass nette Jungs bei denen keine Schnitte haben. Ihr Sohn wird nicht den Hauch einer Chance haben gegen coole Säue wie *Vollgail* oder *Serkrass.*

♂ GAYLORD

Gaylord ist in der Komödie *Meine Braut, ihr Vater und ich* der Vorname des von ▸ **Ben** Stiller gespielten Krankenpflegers Focker. Alle denkbaren Witze, die mit Gaylord (von mittelenglisch *gaillard* = munter/lustig) zu machen sind, finden sich ausführlich im Film behandelt, weswegen diese Zeilen auf eine Pointe verzichten.

Garlieb Merkel (1769–1850) war ein deutsch-baltischer Publizist und Schriftsteller. Wie hier deutlich zu erkennen ist, hatten die Merkels immer schon ein Faible für Frisuren, die sich mit dem Wort «hässlich» nur unzureichend beschreiben lassen.

♂ GEORG

Seltsam, wie weit sich Georg sowohl von seiner ursprünglichen Bedeutung als auch von seinem heiligen Namensbruder entfernt hat. *Georgos* ist griechisch und bedeutet «Landmann» im Sinne von «Bauer». Der heilige Georg tötete ein paar Jahrhunderte später bereits Drachen. Damit hat der moderne Namensträger nichts zu tun; er trägt randlose Brille und Cordhose und isst Trauben-Nuss-Schokolade, und anstatt von hohem Rosse Untiere zu vernichten, oder wenigstens stoisch seine Scholle zu beackern, kriegt er vom Farmville-auf-seinem-Laptop-Spielen heiße Knie.

♀ GERDA

Einerseits ist Gerda in der nordischen Mythologie die schöne Tochter eines Riesen, die den Gott Freyr heiratet (vermutlich war sie menschheitsgeschichtlich die einzige Gerda ohne Damenbart). Andererseits ist Gerda gleichzeitig ein afrikanischer Name, der in der nigerianischen Haussa-Sprache «Schlangenbeschwörerin» bedeutet. Gerda hat also zwei ganz unterschiedliche Geschichten zu erzählen, und das Schöne daran ist, Sie können diesen Namen gleich zweimal verwerfen.

Die zehn lieblosesten afrikanischen Vornamen

Obwohl alle unsere traditionellen westeuropäischen Namen eine Bedeutung tragen, ist uns diese im Normalfall kaum noch bewusst. Meistens müssen wir erst einen Blick in ein etymologisches Wörterbuch oder einen Namensratgeber werfen, um etwas über die Aussage unseres eigenen Namens zu erfahren.

In Afrika ist die Verbindung zwischen Name und Bedeutung viel stärker. Dementsprechend spielt neben Klang und Tradition die Aussage eines Namens eine sehr starke Rolle. Diese Aussagen sind häufig um einiges direkter und auch ehrlicher, als wir es gewohnt sind. Begleitumstände der Geburt werden – häufig schonungslos – benannt; so gibt es durchaus Namen wie «geboren, während der Vater im Gefängnis ist» *(Jela)* oder «Er hat mich betrogen» *(Jomia)*.

Manchmal werden solch sprechende Namen wie «Nimm es mit» eingesetzt, um Dämonen zu verwirren und ihnen zu suggerieren, das Kind sei wertlos (▶ **Chotsani**). Doch nicht bei jedem dieser Namen mit negativer Bedeutung gibt es eine zweite Bedeutungsebene. Manche Namen benennen auch nur ganz rücksichtslos die Enttäuschung der Eltern oder die schlechten Erwartungen, die sie in das Kind setzen. Die zehn unfreundlichsten finden Sie in der folgenden Liste. Von ausnahmslos allen ist unbedingt abzuraten.

1.	♂ Chiwanda	Verrückt	(Malawi)
2.	♂ Ginna	Ich habe mein Problem verschlimmert	(Kamerun)
3.	♀ Kaidi	Sturköpfig	(Ostafrika)
4.	♀ Kateke	Erst angenehm, aber der Eindruck hält sich nicht	(Angola)
5.	♀ Moro	Schamlos	(Mali)
6.	♀ Mnuko	Riecht schlecht	(Ostafrika)
7.	♀ Mtupeni	Unwillkommen	(Ostafrika)
8.	♂ Mubbi	Dieb	(Uganda)
9.	♀ Nabukwasi	Schlechte Haushälterin	(Uganda)
10.	♂ Tanu	Vater der Probleme	(Kamerun)

UNWILLKOMMEN

♂ GERND

Diese Kurzform von *Gernand* (althochdeutsch *ger* = Speer, *nand* = kühn) ist ein Name wie ein hässliches Versehen. Ein onomastisches Fettnäpfchen. Ist Gernds fülliger Vetter ▶ **Bernd** schon eine ästhetische Zumutung, dreht Gernd die Schraube der Hässlichkeit noch ein Stück weiter und lässt uns erschaudern. Ein Name wie ein sprachlicher Irrtum, ein mündlicher Unfall. Gernd ist ein Namensknorpel.

♂ GERNOT

Gernot ist ein alter deutscher Vorname und setzt sich zusammen aus althochdeutsch *ger* = «Speer» und altwestnordisch *hnióða* = «schlagen / kämpfen». Vom kriegerischen Hintergrund ist aber nicht mehr viel übrig. Gernot arbeitet in der St.-Rochus-Pfarre als Jugendbetreuer und organisiert dort die Pfingstfahrten in den Westerwald. Er spielt ein bisschen Gitarre und gewinnt häufig beim Rundlauf, was gegen 14-Jährige allerdings auch nicht schwer ist. Wenn Sie an Ihrem wohlverdienten Lebensabend nicht mit dem eigenen erwachsenen Sohn Gesellschaftsspiele spielen wollen, sollten Sie sich einen anderen Namen überlegen.

♀ GISELA

Die prototypische Gisela ist eine an Kuchen rundgegessene ältere Dame, die kleinen Kindern mit einem angefeuchteten Taschentuch den Mund sauber wischt, natürlich mit ihrer eigenen Spucke. Der Name leitet sich vom althochdeutschen *gisil* ab und heißt so viel wie «von edler Herkunft» bzw. «die Vornehme». Darauf noch eine Extraportion Sahne!

♂ GRALF

Gralfs sind große, dünne Monster, die auf Friedhöfen leben. Nachts kommen sie aus ihren Verstecken und stehlen kleine Kinder aus ihren Betten. So weit die historischen Fakten. Etymologisch ist Gralf eine Nebenform des friesischen Namens *Garlef* (von *Gerleib*; althochddeutsch *ger* = Speer, altsächsisch *leva* = Erbe). Eine weitere Variante dieses Ur-Namens ist ▸ **Garlieb**, dessen Bedeutung tatsächlich «sehr lieb» ist. Beide Namen haben also dieselbe Stammform. Eine mögliche Erklärung könnte folgendermaßen lauten: Gralfs waren früher selber Garliebs, bis sie von Gralfs zu ihresgleichen gemacht wurden, um weitere Garliebs zu stehlen und sie unter den Friedhöfen langsam in Ungeheuer zu verwandeln.

♀ GRETEL

Vor allem aus Grimms Märchen bekannte Koseform von *Grete* (Kurzform von *Margarete*, ▶ **Margarita**). Nicht zu empfehlen, wird ständig gehänselt.

♀ GÜL

Gül ist im Türkischen die Rose. Leider ist Gülle im Deutschen die Gülle. Da kann man nichts machen: Der Name ist im Türkischen dufte, aber bei uns Scheiße.

♂ GUNTHER

Der Name geht in Ordnung für schwarzarbeitende Elektriker im Vorruhestand, ist aber voll daneben für ein Kind, das eine echte Chance auf ein glückliches Leben haben soll. Erwägen Sie diesen Namen für Ihren Sohn, weil Ihr Onkel mütterlicherseits so hieß, dann seien Sie so gut und verstecken Sie ihn als Zweit-, besser noch Viertnamen irgendwo ganz weit hinten, wo keiner mehr nachguckt. Die Bedeutung des Namens ist auch weder spannend noch überraschend: Gunther ist lediglich eine weitere typisch deutsche Variation des hierzulande so beliebten Themas Krieg (▶ **Waldemar**, ▶ **Volker**). Dabei ist *Gund* der Kampf, *her* das Heer. Ach, wir Deutschen.

♂ HAN

Han ist der Vorname des attraktiven Kopfgeldjägers Han Solo aus der *Star Wars*-Reihe, den eingefleischte Fans der Filme so lieben, dass sie immer wieder ihre Söhne nach ihm benennen. Das ist erlaubt, denn tatsächlich existiert der Vorname auch außerhalb des *Star Wars*-Universums, und zwar als niederländische Kurzform von *Johann*. Das wird aber niemand wissen; Ihr Sohn wird bestenfalls als Freak wahrgenommen werden, und wenn die Pubertät kommt und seine Klassenkameraden *Max* und *Joshua* längst eine feste Freundin haben, bleibt Han solo.

♂ HANNO

Hanno ist eine Koseform und bedeutet somit etwas wie «der kleine *Johannes* (hebräisch, ‹Gott ist gnädig›)». Dass der Johannes klein ist, kann passieren, sollte dem Sohnemann aber eher nicht als expliziter Ausstattungswunsch mitgegeben werden.

♀ HEIDI

Das Fernsehen ist schuld: Kinder assoziieren mit dem Namen Heidi (von *Adelheid*; althochdeutsch *adal* = edel + *heit* = Wesen) nicht mehr das kleine Waisenmächen, das beim Alm-Öhi aufwächst, sondern das deutsche Fräuleinwunder Heidi Klum.[20] Eher ein kultureller Abstieg. Doch fairerweise muss man – um beim geographischen Bild zu bleiben – zugeben: Johanna Spyris Heldin stammt zwar aus den Alpen, das Topmodel aber immerhin noch aus Bergisch Gladbach.

♂ HELMFRIED

Helmfried trägt einen Helm (althochdeutsch *helm*) und erlangt dadurch Friede (althochdeutsch *fridu*). Dass er damit aussieht wie ein Idiot, stört ihn nicht; auch nicht, dass ihn alle immer auf den Kopf hauen. Dafür trägt er den Helm ja.

♂ HENNES

Rheinische Nebenform von *Johannes* (hebräisch, «Gott ist gnädig»). Zu Recht unbeliebt, steht der Name auf den letzten Plätzen der deutschen Beliebtheitsstatistiken. Dass Kinder überhaupt so genannt werden, dürfte am Maskottchen des notorisch unzuverlässig aufspielenden Fußballvereins 1. FC Köln liegen, einem Geißbock, der unter den absurd anhänglichen Köln-Fans an Beliebtheit nie eingebüßt hat, trotz seiner glasklar bewiesenen Nutzlosigkeit in Sachen Fortuna.[21]

♀ HERMINE

Was ▸ **Renesmee** den *Twilight*-Fans, ist Hermine den Potterianern. Beste Freundin des Protagonisten *Harry*.[22] Im Original *Hermione*, taucht der griechische Name bei Shakespeare auf und soll so in den *Harry Potter*-Romanen die ober-

---

20 Mit der Benennung ihres vierten Kindes hat das berühmte Model dem Chantalismus gehörigen Vorschub geleistet; das Mädchen hört auf den Namen *Lou Sulola*. Bald auf einer Heckscheibe in Ihrer Nähe.

21 Die Göttin, nicht Düsseldorf.

22 Dieser Name übrigens hat sich durch die doppelte Unterstützung von schmuckem Prinz und schmockem Zauberlehrling in die Top 5 der englischen Namen hochgearbeitet.

Die zehn spießigsten mit Hans beginnenden Vornamen

Dem Autor ist daran gelegen, zu betonen, dass er nichts gegen Hans hat; einige seiner besten Freunde sind welche. Aber hier die ultimative Liste der Spießigkeit!

1. ♂ Hans-Dieter
2. ♂ Hans-Georg
3. ♂ Hans-Günther
4. ♂ Hans-Joachim
5. ♂ Hans-Jörg
6. ♂ Hans-Josef
7. ♂ Hans-Jürgen
8. ♂ Hans-Martin
9. ♂ Hans-Peter
10. ♂ Hans-Werner

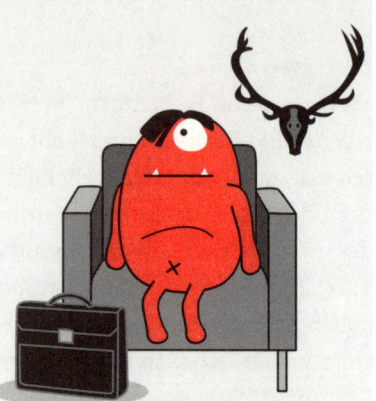

PS: Es wurde sich darum bemüht, nur solche Kombinationen aufzuführen, bei denen das zweite Glied dem ersten an Rückständigkeit nicht nachsteht – Ihnen ist überlassen, sich Zusammenziehungen auszudenken, die den Zeitgeist besser berücksichtigen. Prophylaktisch viel Glück also mit Hans-Tyler, Hans-Damion, Hans-Jayden und natürlich Hans-Justin!

lehrerhafte Belesenheit der Heldin hervorkehren, was ihm gut gelingt. Hermine stand vor dem Aufkommen der Potter-manie auf den untersten Beliebtheitsplätzen der Vornamens-listen. Bitte lassen Sie ihn dort, da gehört er hin.

♀ HERTA

Herta kennen wir (in der Variante *Hertha*) inzwischen fast nur noch als erfolglosen Hauptstadtclub. Der dazugehö-rige Vorname ist in seiner Altmodischkeit noch abgestiege-ner als der Fußballverein. Entstanden ist er Ende des 19. Jahr-hunderts aus einem Irrtum, genauer gesagt aus einer falschen Lesart der germanischen Göttin *Nerthus*. Was soll man dem hinzufügen? Dieser Name ist aus einem Fehler entstanden, und er bleibt einer.

♀ HETE

Man kann nicht einerseits vor Jungennamen wie ▶ **Gay-lord** und ▶ **Bent** warnen, dann aber Mädchennamen wie Hete außen vor lassen. Denn «Hete» ist ein umgangssprachlicher und leicht abfälliger Ausdruck für Personen mit heterosexu-eller Orientierung. Darüber hinaus ist der Name eine Kose-form von *Hedwig*, und da hört es mit der Toleranz dann wirk-lich auf.

♀ HILDA

Für das Buch *The Baby Name Survey Book* befragte man mehrere zehntausend US-Bürger über ihre Wahrnehmung von 1500 weiblichen und männlichen Vornamen. Die meis-ten Namen erhielten differenzierte Bewertungen; so gilt eine *Brooke* zwar als hübsch, aber auch als oberflächlich; ein *Bran-don* etwa ist angeblich stark, aber auch ein Yuppie. *Hilda* (Kurzform aller mit *-hilde/a* gebildeten Namen, ▶ **Mecht-**

hild) hingegen werden einmütig ausschließlich negative Eigenschaften zugeschrieben: Der amerikanischen Bevölkerung zufolge ist ein Mädchen dieses Namens unattraktiv, dick und alt. Und, last aber nicht least, deutsch.

♂ HINNERK

Hinnerk klingt orkisch, ist aber de facto niederdeutsch. Es bezeichnet dort nicht den fünffurchigen Rübenpflug, sondern ist ein ganz regulärer, wenn auch absurd klingender Vorname für Jungen, der sich von *Heinrich* ableitet. Die Bauern der windgepeitschten Felder und Flure Norddeutschlands konnten sich ihre Männernamen nicht nach Wohlklang aussuchen oder nach der Mode gehen, sondern mussten sichergehen, ihren Sohn noch durch den übelsten Sturm ins Haus oder auf den Acker brüllen zu können. Erst recht galt das für Fischer. Da war keine Zeit für ein freundschaftliches «Finn-Lucas, sei doch so lieb und geh mal die Rah fieren, bitte» von Vater zu Sohn, das ging: «Hinnerk, wir sinken!» Und deswegen passt Hinnerk nicht in die geheizten Eigentumswohnungen, in denen wir unsere Söhne zu Warmduschern erziehen.

♀ HJÖRDIS

Bringen Sie die Wörter «Hjördis» und «Pediküre» in einen logischen Zusammenhang. Können Sie nicht? Kann Hjördis auch nicht. Wie auch? Bei diesem Namen, der jedes Mädchen, ob gewollt oder nicht, zum absoluten Öko-Opfer machen wird. Oder können Sie sich Hjördis im kleinen Schwarzen vorstellen? Nein, klein und schwarz sind hier nur die Ränder unter den Fußnägeln. Sagen Sie das bitte keiner Hjördis weiter, denn der Name kommt aus dem hohen Norden und bedeutet «Schwertgöttin». Da weiß man nie, wie weit man es treiben darf, bevor man sie verärgert und sich ein donnerndes «Du, ich find das voll nicht in Ordnung von dir» einfängt. Auf den Schreck noch einen Dinkel-Keks.

♂ HUMBERT

Humbert ist ein alter deutscher Vorname, der sich wahrscheinlich aus germanisch *hun* = «Tier» und *beraht* = «glänzend» entwickelt hat. Wir kennen ihn zum Beispiel als Vornamen von Humbert Humbert, dem von Vladimir Nabokov erdachten Helden, der der kleinen ▶ **Dolores**, genannt ▶ **Lolita**, so unrettbar verfällt, dass er sein bisheriges bürgerliches Leben aufgibt und gegen eine nicht enden wollende Flucht eintauscht. Wir wissen nicht, welcher Teufel Nabokov geritten hat, sich diesen Namen auszudenken – Humbert allein ist ja schon schlimm, aber doppelt ist der Name auf so überzogene Weise lächerlich, dass man sich fragt, ob der Leser nicht auch mit *einem* Humbert drauf gekommen wäre. *Drei* Humberts begegnen uns dann nicht mehr in der Literatur, sondern in der Musik – Sie alle kennen das Lied, es geht «Humbert, Humbert, Humbert, tätärä».

♀ **IDUNA**

Iduna ist die latinisierte Form von *Iðunn*, altnordische Göttin der ewigen Jugend. Sie hütet die goldenen Äpfel, die den Göttern Unsterblichkeit verleihen. Aber was nutzt das, wenn wir ihren Namen nur mehr mit einer Versicherung assoziieren? Einer Versicherung wohlgemerkt, die mit ihrem Namen *Iduna Nova* nach einer Zahnpasta klingt? Schade drum.

♂ **IGOR**

Igor ist die russische Variante des altnordischen Namens *Yngvarr*, der sich von einer Gottheit ableitet. Ausführliches dazu finden Sie unter ▸ **Ingo**. In unserer westlich geprägten Zivilisation ist die Assoziation zu diesem Namen aber eine ganz spezielle: Igor ist uns aus zahlreichen Filmen hauptsächlich als buckliger Gehilfe des Dr. Frankenstein bekannt. Er ist eine durch und durch verschlagene und finstere Kreatur. «Du Igor», sagte man früher gerne, so wie die jungen Leute sich heutzutage mit einem freundlichen «du Opfer» ansprechen. Abzuraten.

♀ **IMKE**

Imke ist die friesische Form deutscher Namen, die mit *Irm-* beginnen; wie zum Beispiel *Irmgard* oder *Irmtraud*. Der Name klingt erst einmal ganz schön, aber das in ihm anklingende Nordisch-Herbe verleiht ihm auch gleichzeitig eine gewisse Unweiblichkeit, sozusagen einen maskulinen Unterton. Es ist kein Zufall, dass zumindest in Friesland der Name auch von Männern getragen wird. Er ist einfach zu robust für eine Frau, die nicht den ganzen Tag in lehmigen Stiefeln herumlaufen will. Um es in einen griffigen Vergleich zu bringen: Mit Imkes kann man Pferde stehlen, aber reiten tut man dann doch lieber mit ▸ **Vanessa**.

Die zehn dämlichsten friesischen Vornamen

Recherchiert man eine Weile zu Vornamen aus Deutschlands nordwestlichstem Landstrich, ist es keine Überraschung mehr, dass über niemanden ausgiebiger gespottet wird als über die Ostfriesen. Deren Vornamen sind von unübertroffener Dämlichkeit; treuherzig-doof wie die dort heimischen Kühe blicken sie den Leser aus arg- und verständnislosen Augen an, und diesem bleibt nichts anderes übrig, als zurückzustieren.

1. ♂ **Arfst**
2. ♀ **Beeke**
3. ♂ **Eildert**
4. ♀ **Göntje**
5. ♀ **Kresten**
6. ♂ **Lübbert**
7. ♂ **Ocke**
8. ♂ **Roerd**
9. ♀ **Tadd**
10. ♀ **Wubke**

♀ IMOGEN

Imogen ist kein Anti-Durchfall-Präparat, sondern ein Frauenname, der von einer Rolle aus William Shakespeares Theaterstück *Cymbelien* abgeleitet ist. Tatsächlich ist hier was schiefgegangen: Imogen beruht auf einem Setzfehler – der Name aus Shakespeares Quelle war eigentlich *Innogen*, was sich wahrscheinlich aus dem Gälischen *eni-genā* für «Mädchen» ableitet. Nicht, dass Innogen für Ihre Tochter so viel schöner klänge, aber gesünder.

♀ IMPI

Guter Name für Ulknudeln mit dickem Hintern. Der Name ist finnisch und bedeutet «Jungfrau». Hand drauf, dass es bei Impi lange so bleibt.

♀ INGA

Nordische weibliche Kurzform aller Namen, die mit *Inge*- gebildet werden (z. B. *Ingeborg*, ▸ **Ingegerd**, ▸ **Ingo**). Inga ist inzwischen einer jener Heile-Welt-Namen, denen ein veraltetes, romantisch verklärtes Skandinavienbild zugrunde liegt. Die Schweden selber sind freilich immun gegen die so typisch deutsche Nostalgitis – nur wir denken uns das ganze Land immer noch als großes Lönneberga. Und bestehen darauf, dass unsere TV-Skandinavien-Schmonzetten von einer Inga Lindström geschrieben werden. Die für jedes zweite Schweden-Drehbuch verantwortliche Dame heißt im echten Leben Christiane Sadlo, aber damit ließe sich wohl kein Blumentopf gewinnen. Geschweige denn eine *Matta*, das ist schwedisch für Teppich, und unter diesen kehren wir die ganze Geschichte jetzt lieber.

♀ INGEGERD

Nordisch, aus ▶ Inga und ▶ Gerda. Ein verwirrender Name. Was jetzt?, fragt man sich: Inge oder Gerd? Nichts gegen Unisexnamen, aber hier wird es doch zu viel. Ganz abgesehen davon, dass die Ursprungsnamen auch nicht vom Allerfeinsten sind. Wenn man schon so freudig Männlein und Weiblein mischt, sollte man das doch hübscher machen können. Ein paar Beispiele: *Annamax*, *Lilibernd* und, ganz weit vorne, *Hansmarie*.

♂ INGO

Ingo leitet sich ab von *Yngvi*, dem Obergott des Stamms der Ingväonen. Diese wohnten zur Zeitenwende an der Nordsee und brachten Bieropfer. Eine Zeitlang ging das gut, dann kamen die Missionare. Der Gott der Ingväonen wurde zuletzt gesehen, als er nach Osten über das Meer zog, sein Wagen hinter ihm her. Von alldem ahnt Middle-of-the-road-Ingo nichts. Er schiebt sich noch eine Pizza Salami in die Mikrowelle und guckt *Promidinner*. Und irgendwo in Asgard, Äonen entfernt, weint der vergessene Yngvi heimlich eine Träne in seinen Metkrug.

♀ JACQUELINE

Jacqueline ist die weibliche französische Form des Jungennamens *Jakob*, der hebräischen Ursprungs ist und «Fersenhalter» bedeutet (der biblische Patriarch Jakob soll sich bei seiner Geburt an der Ferse seines erstgeborenen Bruders Esau festgehalten haben). Ist aber völlig egal, denn mittlerweile gilt Jacqueline als der absolute Inbegriff eines Unterschichtnamens und ist somit unvergebbar. Im Internet kursieren unzählige Fanseiten, die authentische Mutter-Tochter-Konversationen zitieren, vor allem solche im Supermarkt. Dabei wird der Name stets milieugerecht «Schakkeline» geschrieben – genau so wie gesprochen. «Schakkeline, komm wech von die Regale, du Arsch!» gilt als Gründungsmythos des Schakkeline-Kults und lässt sich als wahrhaftiger Klassiker[23] bezeichnen.

♀ JALE

Die Perser und Türken kennen den Namen in der Bedeutung von «morgendlicher Tautropfen», die Friesen in der Ableitung von germanisch *gailan* als «lustig» bzw. «lüstern». Es häufen sich Beschwerden betroffener Eltern, der Name ihrer Tochter würde wie das englische *Jail* («Gefängnis») ausge-

---

23 Noch hübscher ist nur der bezeugte Appell einer Mutter an ihre sich am Obstregal aufhaltende Tochter: «Schakkeline, komma bei Mama jetz! Nein, kein Apfel, wir hatten Kaugummi ausgemacht!»

sprochen. Tja: Gefängnis, lüstern, Morgentau. Jetzt schauen Sie mal, wie Sie das zusammenkriegen.

♀ JANINA

Janina ist die weibliche Form von *Jan* und ein eigentlich hübscher Name. Traurigerweise häufen sich die Fälle verwöhnter, sich ihres eigenen Namens nicht bewusster Teenager, die ihre ganze Kindheit über dachten, sie würden mit «Ja, Nina» angeredet.

♂ JAYDEN

Amerikanische Fassung des ursprünglich hebräischen Namens *Jadon*. Dass der originale Name überhaupt nicht vergeben wird, sich aber Tausende deutscher Eltern auf das Remake stürzen wie auf Rabattcoupons bei McDonald's, hat einen guten Grund: Die Deutschen stehen neuerdings auf Ypsilons (▸ Fynn, ▸ Tyron). Es scheint ihnen vermutlich exotisch und irgendwie US-amerikanisch, also erfolgversprechend im wahrsten Sinne des Wortes. Wie einen Talisman gibt man den Kleinen ein oder mehrere Ypsilons mit, in der Hoffnung, ihnen auf diese Weise etwas von dem großen und erfüllten Leben bescheren zu können, das man auf der anderen Seite der Welt bei den Stars und Sternchen vermutet. Dass es gerade wegen dieser so rührend um Besonderheit bemühten Namen nicht funktionieren wird, ist eine bittere Pointe.

♀ JENNIFER

Y ist das neue J. Genauer gesagt: In den späten achtziger und frühen neunziger Jahren waren die Jot-Namen das, was heute diejenigen mit Ypsilon sind. Äußerst modisch mit geringer Halbwertszeit. Man schrieb die häufig aus dem europäischen Ausland kommenden Namen anfangs noch orthographisch korrekt, ging dann aber dazu über, sie einzudeutschen. Aus *Janine* wurde *Janin* und aus *Jeanette Janett*, ▸ **Jessica** wurde zu *Jessika*, und aus Jennifer machte man *Jenifer*. Alle vier Namen sind heute so alt wie Vorjahrestoast und deswegen streng zu vermeiden. Während die ersten beiden Namen auf *Johannes* zurückgehen, ist Jennifer etymologisch eigenständig: Er ist ein aus dem Englischen übernommener Vorname, der sich vom keltischen *Guenevere* (walisisch *gwen* = blond / gesegnet; *hwyfar* = glatt / weich) ableitet. Guenevere war die legendäre Gemahlin von König Artus, danach konnte es nur noch abwärtsgehen. Doch so wenig von der einstigen königlichen Herrlichkeit auch übrig ist – das mit dem «blond» hat sich 1000 Jahre gehalten. Faszinierend.

♂ JENS

Jens ist die dänische und niederdeutsch-friesische Form von *Johannes* (hebräisch, «Gott ist gnädig»). Von dessen ursprünglicher klassischer Eleganz ist wenig übrig. Jens klingt vielmehr ziemlich einfältig, und getreu der Regel «nomen est omen» sind seine Namensträger häufig nicht die hellsten Kerzen auf dem Kuchen. Sonst hieße es ja auch Homo Sapjens, was es aber bekanntlich nicht tut.

♀ JESSICA

Intrigante, überhebliche Zicke. So eine Jessica wird spätestens durch die Wut auf den eigenen Namen unausstehlich. Meist zu gut aussehend, um sich noch groß um ihren Charakter zu sorgen. Das mag manche Männer ja durchaus antörnen, so ein faltenfreies, glattgekämmtes Accessoire auf dem Beifahrersitz (▸ **Alexander**), aber kein Vater kann das wollen. Hebräisch: «Gott sieht dich.» Na, wenn Gott dich sieht, dann noch schnell vorher nach Kitzbühel, für den Teint.

Die zehn durchgeknalltesten Vornamen amerikanischer Promibabys

Es ist ein Ding der Unmöglichkeit, unter den ihren Erziehungsauftrag verweigernden US-Promis einen Spitzenreiter zu küren. Ist es Michael Jackson, der seinen ersten Sohn Prince Michael und seinen zweiten Prince Michael II. rief? Oder Frank Zappa, der seine Tochter nach Gebäck benannte? Gibt es keine Grenze für Jermaine Jacksons Größenwahn? Wir wissen es nicht und verstummen ratlos angesichts der folgenden zehn Paradebeispiele prätentiöser Selbstherrlichkeit.

1. Gerri Halliwell: ♀ **Bluebell Madonna**
2. Bob Geldof: ♀ **Fifi Trixibelle**
3. Sylvester Stallone: ♂ **Sage Moonblood**
4. Michael Jackson: ♂ **Prince Michael II.**
5. Frank Zappa: ♀ **Diva Thin Muffin Pigeen**
6. Jermaine Jackson: ♂ **Jermajesty**
7. Julia Roberts: ♂ **Phinnaeus Walter**
8. Bono (U2): ♂ **Elijah Bob Patricus Guggi Q**
9. Ashlee Simpson: ♂ **Bronx Mowgli**
10. John Mellencamp: ♂ **Speck Wildhorse**

♂ JESUS

Eigentlich ein schöner Name. Griechische Form des hebräischen *Josua/Jehoschua*, was «Heilbringer» und «Erlöser» heißt, oder wahlweise «Der Herr ist meine Rettung». Kleiner Unterschied. So oder so weckt der Name aber vielleicht zu große Erwartungen an Ihren Kleinen. Übrigens war der Name in Deutschland lange verboten, ist aber mittlerweile erlaubt. Im Unterschied zu *Judas*, der ist immer noch tabu. Allerdings nur als Einzelname. Sie dürfen Ihren Sohn also zum Beispiel *Judas-Jesus* nennen, theoretisch. Praktisch ist davon abzuraten.

Ein erhebender Moment: In den Wolken zeigt sich eine segnende Gestalt. Leider sind bis auf den Fotografen gerade alle beim Abendessen.

♀ JOKE

In Deutschland ist Joke die friesische Kurzform von *Johanna*, in England ein Witz. Was das Kind angeht, leider kein guter.

♀ JOY

Englischer Vorname, bedeutet «Freude». Es liegt etwas Affektiertes darin, die Gefühle über die Elternschaft ins Englische zu übersetzen und seinem Kind als Namen mitzugeben. Angeberisch ist es in diesem Fall auch noch. Wie wär es denn mal mit etwas Aufrichtigkeit? Zum Beispiel mit *Relief* («Na endlich»)? Es muss auch nicht immer Englisch sein – auf Latein wäre *Indifferencia* («Ist mir egal») eine Möglichkeit. Und auf Französisch, frei zu übersetzen mit «Schade, das hätte nicht sein müssen»: *Regrette*.

♂ JUSTIN

Justin leitet sich über *Justinus* vom lateinischen *Justus* («gerecht, redlich») ab. Schöne Sache eigentlich. Aber Justins haben kein gutes Image. Jedenfalls nicht bei denen, die über das Wohl Ihres Kindes entscheiden, nämlich beim Lehrpersonal: Einer Studie der Universität Oldenburg zufolge würden Grundschullehrer ihr eigenes Kind zwölfmal lieber ▸ **Adolf** als Justin nennen (Adolf schlossen 2,4 Prozent der Befragten aus, Justin 30,4 Prozent)! Justins gelten ihnen nämlich als zu leistungsschwach und verhaltensauffällig. Also, alles, was recht ist, verhaltensauffällig war Adolf auch.

♂ KAI

Kai ist nicht nur ein Vorname nordischer Herkunft, sondern existiert davon unabhängig als hawaiianischer Name. In der Biologie nennt man so etwas Konvergenz. Damit meint man die Entstehung analoger Merkmale bei unterschiedlichen Lebewesen ohne gemeinsame Vorfahren (beispielsweise die Flugfähigkeit bei Flugsauriern, Fledertieren und Vögeln). Und solch eine Konvergenz liegt auch hier vor: Obwohl sich Dänen und Hawaiianer bis zum 20. Jahrhundert nie begegnet sind, haben beide Völker denselben Namen, Kai, entwickelt. Doch es kommt noch besser: Was ein Kai im Deutschen ist, wissen wir – ein Hafendamm. Und auf Hawaiianisch bedeutet Kai: Meer! Ist das nicht faszinierend? Nur der Name, der kann nichts. In die See damit, mit Steinen an den Füßen.

♂ KAIN

Seltsam, dass sowohl *Adam* wie auch ▶ Eva relativ beliebte Namen sind, *Abel* und *Kain* aber nicht. Bei Abel würden wir es noch verstehen, weil der Name irgendwie uschig rüberkommt, aber Kain klingt doch knackig und maskulin. Vielleicht liegt es an der Geschichte seines ersten Namensträgers. Aber wenn Sie schon zimperlich sind wegen ein bisschen Kopfeinschlagen, brauchen Sie über andere biblische Männernamen gar nicht mehr nachzudenken, die nehmen sich nichts. Tausend Latte-macchiato-Mütter nennen ihren

Die zehn kitschigsten hawaiianischen Vornamen

Die Hawaiianer haben sich die sanften Buchstaben aus dem Alphabet gepickt wie Rosinen aus dem Kuchen (▶ **Pualani**) und damit eine weichgespülte Sprache zusammengestellt, die nach Sonnenuntergängen unter Palmen und sanften Südseebrisen klingt. Damit nicht genug: die Namen haben nicht nur einen angenehmen bis drolligen Sound, sondern zum großen Teil auch eine außergewöhnlich freundliche Bedeutung. Weil man es mit der Fototapetisierung von Vornamen aber auch übertreiben kann, führt dieses Buch jene zehn Namen auf, bei denen die Hawaiianer am deutlichsten übers Ziel hinausgeschossen sind.

1. **Alaula**: Licht der Morgendämmerung
2. **Haunani**: Himmlischer Tau
3. **Hokuikekai**: Stern des Ozeans
4. **Iolana**: Der wie ein Falke fliegt
5. **Kalama**: Brennende Fackel
6. **Kaimana**: Kraft des Ozeans
7. **Keanu**: Kühle Brise
8. **Konane**: Hell wie das Mondlicht
9. **Miliani**: Sanfte Liebkosung
10. **Pualani**: Himmelsblume

Puppelmann *Elias* und finden das total süß. Leider hat besagter Prophet aber derart in Blut gebadet, dagegen war Kain der reinste Mahatma Gandhi. Aber Kain ist der Arsch. Es ist wirklich unfair. Aber so ist es nun mal, also weg damit.

♀ KAITLYNN

Ein weiteres Paradebeispiel für dem Chantalismus verpflichtete Namen. Kaitlynn ist die amerikanische Form des irischen *Caitlin*. Dieser Name wiederum entstand aus dem altfranzösischen *Catheline* (▸ **Katharina**). Die Zielstrebigkeit, mit der ein ursprünglich elegant-vornehmer Name zu einer Autoaufklebervorlage der übelsten Sorte mutiert ist, ist von konsequenter Gnadenlosigkeit.

♂ KALEB

Kaleb ist ein aus der Bibel übernommener Vorname hebräischen Ursprungs, und er bedeutet Hund. Wenn Sie das befremdlich finden, haben Sie recht: Die Wissenschaft vermutet, dass dieser Vorname zur Selbsterniedrigung diente. Deswegen wäre es eine echte Gemeinheit, sein Kind Kaleb zu nennen. Wenn Ihr Sohn sich wie die altbiblischen Namensträger demütigen lassen will, kann er immer noch zu *DSDS* gehen.

♀ KARMEN

Eingedeutschte Form von *Carmen*. Dieser Name wiederum hängt auf komplizierte Weise mit dem Karmeliterkloster zusammen; die Details sind zu vernachlässigen. In Spanien sehr geläufig, hat sich der Name in Deutschland nicht richtig durchsetzen können. Zu Recht, lässt sich sagen. Ausnahmen bestätigen die Regel, zum Beispiel in der Nähe von Unna das bekannte Karmener Kreuz.

♂ KASPAR

Dieser schöne alte Name wird häufig mit dem Puppentheater und der Figur des Kasperle in Verbindung gebracht. Und damit hat es auch seine Richtigkeit: Der Name stammt aus dem Altpersischen (*kandschwar* = Schatzmeister), wir kennen ihn seit dem 6. Jahrhundert als Namen einer der drei Könige. In den im Mittelalter beliebten Dreikönigsspielen trat Kaspar als Mohr auf und war für die komischen Einlagen verantwortlich. So wurde er allmählich vom stolzen König zur lustigen Figur. Schade drum, aber nicht zu ändern.

♀ **KATHARINA**

Die Bedeutung dieses klassischen Namens ist nicht ganz klar. Aus dem Griechischen stammend, wird er volksetymologisch zwar auf *katharos* = «rein» bezogen und dementsprechend als «die Reine» interpretiert, diese Deutung gilt unter Sprachwissenschaftlern aber als falsch. Sowieso hat es sich mit rein. Denn Katharinas neigen geschichtlich erwiesen zur Sexsucht. Das bekannteste Beispiel ist Katharina die Große (1729–1796), Zarin von Russland. Sie hatte nachweislich mehr als 20 Liebhaber, unter der Hand munkelt man sogar von bis zu 21.

♀ **KATJA**

Katja, russische Kurzform von ▸ **Katharina**, war in den Siebzigern ein sehr beliebter Vorname. Er hat Staub angesetzt. Und auch wenn wir noch einen Rest der Flippigkeit erahnen können, der frühere Katjas zu den Top-Schlagern aus Ilja Richters Musikparade das Tanzbein schwingen ließ, lässt sich nicht verleugnen, dass der Lack ab ist. Die einstige Ausgelassenheit ist zu einer Maske des Frohsinns erstarrt. Hier geht es schon längst nicht mehr um Faltencreme – dieser Name ist gebotoxt.

Natürlich gibt es keine Fotos von Katharina der Großen, aber wenn sie selbst auf üblicherweise aufhübschenden Gemälden schon aussieht wie eine versoffene Droschkenkutscherin, kann man sich das tatsächliche Unheil schon ganz gut ausmalen, frag nicht nach Sonnenschein. Und über die Geschichte mit dem Pferd breiten wir lieber gänzlich den Mantel des Schweigens.

♀ KERSTIN

Etymologisch nicht zu beanstanden, ist Kerstin die skandinavische Abwandlung von *Christiane*; «die Christin», «die Gesalbte», so in etwa. Also alles im Rahmen. Das eigentliche Problem liegt woanders: Die wunderbare Studie der TU Chemnitz zur sozialen Wahrnehmung von Vornamen (▸ **Olaf**) fragte nicht nur nach Namen, die sexy, jung oder schlau machen, sondern auch nach solchen, die ihren Träger besonders dumm erscheinen lassen. Und bei den Frauen ist das halt Kerstin. Das ist gemein: Der Name ist eh schon so hässlich, muss man dann auch noch für dumm gehalten werden? Aber die Natur hat ihre eigenen Gesetze; und wenn Eltern doof genug sind, sich diesen Namen für ihr Kind auszusuchen, liegt die Vermutung nahe, dass auch Klein Kerstin nicht das hellste Licht am Hafen sein wird.

♀ KESSIE

Trotz der lautlichen Verwandtschaft mit «kess» geht es bei diesem Namen der ghanaischen Fante eher um das Gegenteil: Kessie bedeutet «dick geboren». Nun weiß man ja, dass so ein Baby ruhig ein bisschen speckig sein darf, und tatsächlich entsprechen beleibte Frauen in Afrika durchaus einem dort mancherorts gängigen Schönheitsideal. Aber das gilt nicht für einen westeuropäischen Teenie, und mit «fettes Kind» bekommt man hier weder einen Fuß in die Tür noch einen Recall für *GNTM 8*.

♂ KEVIN

Kevin ist die *Bild*-Zeitung unter den Vornamen. Keiner liest sie, aber der Laden läuft. So verhält es sich auch mit diesem Paradebeispiel deutscher Hassliebe. Irisch für «von Geburt an schön» oder «der Anmutige», erreichte der Name Anfang der neunziger Jahre vor allem durch Kevin Costner und den Film *Kevin – Allein zu Haus* eine Beliebtheit wie vor ihm nur ▸ **Adolf** Anfang der Dreißiger. Der Trend ist längst vorbei, daher auch die ganzen Witze. Kevin rangiert aktuell bloß noch auf den hinteren Rängen der Geburtenstatistik und steht bei den allermeisten nur mehr für niedriges Bildungsniveau und soziale Auffälligkeit. Wie es unter Pädagogen heißt: Kevin ist kein Vorname, sondern eine Diagnose. Wer seinen Sohn jetzt noch so nennt, handelt krass antizyklisch, und wir alle wünschen ihm viel Glück.

♂ KLAUS

Wenn Namen Essen wären, wäre Klaus (▸ **Nikolaus**) ein Möhreneintopf. Einfach, solide, erfüllt seinen Zweck, aber nichts, mit dem man eine Frau ins Bett kriegt.

♀ KLOTHILDE

Ein Name mit einhundertprozentiger Mobbinggarantie. Dass er auf Althochdeutsch *hlūt* = «laut / berühmt» und *hiltja* = «Kampf» zurückgeht, wird Ihre verzweifelte Tochter nur am Rande interessieren.

♂ KNUT

Einerseits ist Knut ein aus dem Nordischen stammender Vorname, dessen Herkunft unklar ist (möglicherweise vom mittelhochdeutschen *knuz* = waghalsig / keck). Andererseits ist Knut ein Eisbärenname. Knut ist tot und der Name nun endgültig auch. Ganz ehrlich: Besser konnte es nicht kommen.

Knut der Eisbär (2006–2011). Ausgewachsene Eisbären sind dazu in der Lage, mit einem einzigen Hieb ihrer Pranken einen erwachsenen Menschen zu erschlagen. Erwachsene Menschen sind dazu in der Lage, den Eisbären vorher zu erschießen.

♀ KRIEMHILD

Althochdeutsch. *Kriem-* kommt von *grim* und bedeutet «Maske / Verkleidung»; *hild* ist eines der unendlich vielen Wörter für «Held / Kämpfer». Der verkleidete Kämpfer, na toll. Die berühmte Kriemhild des Nibelungenlieds war zwar angeblich hübsch, aber damit hatte es sich auch schon. Denn sonst war sie eher keine durchgängig positive Figur, um es vorsichtig auszudrücken. Und der Name ist furchtbar. Nein, da ist nichts zu machen. Der einzige Moment, an dem Ihre Tochter etwas davon hat, Kriemhild alias «verkleideter Kämpfer» zu heißen, ist Karneval, da kann sie dann als Teenage Mutant Ninja Turtle gehen.

♂ KYRILL

Mit diesem ursprünglich griechischen Namen verbindet sich eine der tragischsten Geschichten deutscher Namensgebung. Im Jahr 2006 wollte die Familie Genow ihrem Vater Kyrill zum ein Jahr später stattfindenden 65. Geburtstag ein Hochdruckgebiet schenken (wie das geht, erfahren Sie unter ▶ **Oldenburgia**). Leider erhalten diese nur in geraden Jahren männliche Namen, in ungeraden sind es dementsprechend Tiefs. Familie Genow biss also in den Apfel und ahnte nicht, wie sauer er schmecken würde. Ihr kleines Geburtstagsgeschenk wuchs sich zum europaweit heftigsten Sturm seit 20 Jahren aus und forderte allein in Deutschland 17 Menschenleben. Vater Kyrill wäre schon mit einem selbstgebackenen Kuchen zufrieden gewesen. Auf die Bilanz dieses Namens gehen ein Orkan und ein Alphabet, das kein Mensch entziffern kann. Braucht es da noch mehr Kyrills?

♀ LANA

Lana ist die russische Kurzform aller Namen, die auf *-lana* enden, aber hauptsächlich das Anagramm eines anderen Wortes.

♂ LANG

Seit der wachsenden Popularität des chinesischen Pianisten Lang Lang (nicht zu verwechseln mit dem haitianischen Pornodarsteller Long Long) zunehmend beliebter Name. Angeblich ist dessen Bedeutung «brillanter Mann», aber das behauptet einzig und allein Lang Lang selber, und das macht einen doch sehr skeptisch.

♀ LEA

Ein weiteres Tier als Frauenname, wieder mal aus dem Hebräischen. Doch so beliebt der Name derzeit auch ist, bedeutet er wie vor 3000 Jahren immer noch «Wildkuh». Schade.

♂ LEANDER

Leander (griechisch *laós* = Volk + *andrós* = Mann) ist ein tragischer Fall. Er soll nach den Vorstellungen der ehrgeizigen Eltern mal ein richtig toller Kerl werden, aber um ihre Wünsche passgenau zu erfüllen, fehlt dem Sohn ▶ **Alexanders** Standesbewusstsein und ▶ **Rubens** Egoismus. Stattdessen ist Leander konfliktscheu und lässt sich schon auf dem Spielplatz übervorteilen. Vater rast vor Wut.

♂ LECH

Lech ist nicht nur ein österreichischer Fluss, sondern auch ein polnischer Vorname, den meisten bekannt durch Lech Wałęsa, den polnischen Gewerkschafter und Politiker. Die Etymologie des Vornamens ist nicht restlos zu klären, aber man vermutet eine Abstammung vom altpolnischen Wort *lścić*. Das heißt «heimtückisch handeln». Unsympathisch.

♂ LEIF

Fieser Name, ausgewachsene Skandinavitis. Aber ohne den Charme von Kassenschlagern wie *Niels* und ▶ **Inga**. Der im 20. Jahrhundert ins Deutsche übernommene Name ist die nordische Kurzform von Zusammensetzungen mit *leifr* = «Erbe». Ein Leif hat unter den Nachteilen skandinavischer Namen zu leiden, ohne in den Genuss ihrer Vorteile zu kommen. Er kann nichts dafür, aber er hat die totale Arschkarte gezogen. Unfair? So ist das Leben, oder wie die Operettenrocker von *Europe* in den Achtzigern sangen: Leif is Leif.[24]

♂ LEON

Das hier wird vielen von Ihnen weh tun, denn Leon (von *Leonhard* = starker Löwe) ist einer der beliebtesten Namen der letzten Jahre. Aber bitte schlagen Sie sich Leon aus dem Kopf. Denn wir werden eine solch gigantische Schwemme von Leons erleben, dass Sie gar nicht mehr in der Lage sein werden, Ihren Sohn aus der Masse hochnäsig blond gelockter Kreativen-Sprösslinge herauszurufen. Es wird direkt der ganze Spielplatz angelaufen kommen. Und wenn Sie Ihren Sohn dann gefunden haben, wird der verzogene Bengel eh nur wieder rumquengeln und Ihnen den BRIO-Panzer aus

---

24 Nanananana.

den Rippen leiern, mit dem der Nachbarsleon gespielt hat. Nein, das lassen Sie besser bleiben.

♂ LERNHARD

Ableitung von *Leonhard* und eines jeden Lehrers Lieblingsname. Wird Lernhards Mitschülern sicherlich sehr gefallen.

♂ LIGONGO

Dieser exotisch klingende Name stammt aus Malawi, er bedeutet wörtlich: «Wer ist das?» Aus dieser Frage spricht die ganze Ratlosigkeit des Vaters. Es bleibt zu hoffen, dass die Mutter eine gute Antwort hat.

♀ LILITH

Frauennamen, die anders enden als üblich, bieten immer eine erfrischende Abwechslung. Keine *-ane*, keine *-ine*, keine *-ena*: Pluspunkt. Aber leider ist Lilith ursprünglich der Name eines babylonischen Sturmdämons. Und bereits das Wenige, was man als Laie in Sachen nahöstlicher Okkultistik über babylonische Sturmdämonen zu wissen in der Lage ist, spricht nicht unbedingt für sie. Sagen wir mal so: Wir reden hier nicht von irischen Heidefeen. Also lassen Sie die Finger von Lilith. Eine Tochter sorgt für genug Wirbel in Ihrem Haus, Sie müssen die Schneise der Verwüstung nicht noch vergrößern.

♀ LILLEMOR

Was für ein süßer Name! Schwedisch! Leider entstammt er der Kategorie der Schicksalsnamen und bedeutet «kleine Mutter». Niedlich, wenn Ihr vierjähriges Töchterchen den Puppenwagen schiebt. Rührend, wenn sie mit 12 ihre kleine Cousine im Arm hält. Spaß vorbei, wenn sie mit 15 schwanger wird. Suchen Sie für das Kind Ihrer «kleinen Mutter» Lillemor schon mal ein paar Namen zum Vermeiden; vielleicht werden Sie hier fündig.

Die zehn einrichtungshäuslichsten schwedischen Vornamen

IKEA-Artikel sind beileibe nicht nur nach schwedischen Vornamen benannt, sondern viel allgemeiner nach Adjektiven, Phantasiewörtern und skandinavischen Ortsnamen. Die waren für dieses Buch natürlich nicht zu gebrauchen, sodass auf eine Aufnahme von *Fiskö* oder *Frostig* verzichtet werden musste. Aber kein Grund zur Sorge: Es bleiben noch genug Vornamen übrig, vor denen Sie gewarnt werden. Wenn Sie so wie jeder vernünftige Mensch davon ausgehen, dass Ihre Tochter nicht heißen möchte wie ein Brotkorb.

1. ♂ **Billy**   Bücherregal
2. ♀ **Evalill**   Topflappen
3. ♂ **Fredrik**   Schublade
4. ♀ **Hedda**   Gardinenschals
5. ♂ **Ivar**   Stuhl
6. ♀ **Märit**   Tischläufer
7. ♂ **Nisse**   Klappstuhl
8. ♀ **Silje**   Brotkorb
9. ♀ **Solveig**   Schiebegardine
10. ♂ **Stig**   Barhocker

♂ LIONEL

Ein englischer Name, der auf eine Koseform des altfranzösischen ▶ **Léon** zurückgeht. Lionel ist ein an und für sich netter Name mit normaler Bedeutung. Leider verwechseln ihn aber die Japaner immer mit ▶ **Rainer**. Blöd.

♂ LOK

Männlicher Name chinesischer Herkunft, der in der Landessprache «glücklich» bedeutet. Hierzulande bedeutet Lok Lok.

♀ LOLITA

Wenn Sie Ihre Tochter Lolita nennen, haben Sie so ziemlich alles falsch gemacht, was falsch zu machen ist. Jeder auch nur halbwegs gebildete Mitmensch hat auch ohne die Lektüre von Nabokovs gleichnamigem Roman eine ungefähre Vorstellung vom Lolita-Komplex – ein Mädchen tatsächlich Lolita zu nennen, wäre eine fast sadistische Anzüglichkeit. Ist Ihnen das schnuppe, bekommen Sie hier noch die Etymologie nachgereicht: Der Name ist die spanische Verkleinerungsform von *Lola*, die wiederum Koseform von ▶ **Dolores** ist. Diese ist «die Schmerzensreiche». An Lolita ist wirklich alles falsch.

♀ LOTTE

Lotte ist ein Vorname (Koseform von *Charlotte*), ein Fisch und ein Ort. Für den Ort kann sie sich mit ▶ **Achim** zusammentun[25] und für den Fisch mit ▶ **Mangold**. Damit hat es sich dann aber auch.

---

25 Liegt praktischerweise an derselben Autobahn.

♂ LUCA / LUKA

Etymologisch in einer Reihe mit *Lukas* und ▸ **Lucia**, charakterlich vergleichbar mit ▸ **Fynn** und ▸ **Leon**. Das aufgeklärte, demokratische und spätgebärende Bürgertum zieht sich kleine Tyrannen heran. Lucas sind von Geburt an der Mittelpunkt des Universums, was Erzieherinnen, Gastronomen und andere Mütter schmerzlich erfahren müssen. Lucas fahren nichts unter einem «Bugaboo Camaleon» und haben mit anderthalb schon zwei Bobbycars; ein normales für draußen und eines mit Flüsterreifen für die Altbauwohnung. Ja, Luca verdient nur das Beste. Papi schließlich auch.

♀ LUCIA

Weibliche Form des lateinischen, alten Namens *Lucius* (*lux* = Licht). Die heilige Lucia war eine Märtyrerin, die man doppelt und dreifach massakrieren musste, weil sie nicht zu beten aufhörte, und die erst starb, nachdem ein Priester ihr die geweihte Hostie gereicht hatte. Bis zur gregorianischen Kalenderreform war der Luciatag der kürzeste Tag des Jahres. Darauf beruhten Bräuche heidnischen Ursprungs von der grausigen Lucia, die als furchterregende Gestalt unartige Kinder bedrohte, schludrige Mägde bestrafte und Lügnern die Zunge abschnitt. In Schweden hingegen freut man sich auf den Luciatag: Die älteste Tochter des Hauses läuft am Morgen des 13. Dezember in weißem Kleid und mit brennenden Kerzen auf dem Kopf von Zimmer zu Zimmer, weckt die Eltern und Geschwister und bringt Frühstück ans Bett. Erst dann entfernt sie gegebenenfalls Lügnern die Zunge. Bis zur vollständigen Aufklärung der Sachlage ist von diesem Mädchennamen abzuraten.

♂ LUDOLF

Von althochdeutsch *liut* = «Volk» und *wolf* = «Wolf». Die Ludolfs, medial aufgestiegene Schrotthändler aus dem Sauerland, haben diesen Namen noch unmöglicher gemacht, als er vorher eh schon war. Nun haftet ihm nicht mehr allein das Anachronistisch-Altertümliche an, sondern auch noch das Rückständig-Inzestuöse. Untragbar.

♂ MADDOX

Der Name klingt zwar ziemlich bösewichtmäßig oder zumindest durchgeknallt, ist aber rein etymologisch ganz hübsch: Auf Walisisch bedeutet er frei übersetzt «glücklich». Das wird der Namensträger sich in Erinnerung rufen müssen, wenn er von seinen Eltern hört, dass sie ihn wegen Brad Pitt und Angelina Jolie so genannt haben. Er wird übrigens spätestens drauf kommen, wenn seine neuen Geschwisterchen da sind: *Pax*, *Zahara*, *Knox* und *Shiloh*.

♀ MADISON

Hinter dem weiblichen Vornamen Madison verbirgt sich eine hübsche Geschichte: Ursprünglich war dies der Nachname des vierten Präsidenten der USA, James Madison. Nach diesem wurde nicht nur die Hauptstadt Wisconsins benannt, sondern auch so manche Straße. Unter anderem die New Yorker Madison Avenue. Als im 1984 erscheinenden US-amerikanischen Spielfilm *Splash* die von Daryl Hannah gespielte Meerjungfrau einen für Menschen aussprechbaren Namen sucht, wählt sie den des erstbesten Straßenschilds – Madison. Dass die Autoren hier einen Gag ins Drehbuch geschrieben haben, ist den Amerikanern herzlich egal: 1985 erscheint der Name erstmals unter den 1000 beliebtesten Vornamen und klettert innerhalb von nur 12 Jahren in die Top Ten, wo er nun seit 1997 ununterbrochen verweilt. Die spinnen, die Römer.

♀ MAEVE

Maeve ist der englische Name einer Königin aus einer irischen Sage. Er bedeutet «die betrunken macht, die berauscht». Ein Blick auf den irischen Namen im Original macht die Geschichte schlüssig: Dort lautet er *Meadhbh*. Sie merken: Aussprechen kann man diesen Namen ausschließlich im Vollrausch. Und haben Sie sich erst mal so richtig einen eingeschenkt, klingt eh alles *dhbh*.

♀ MALICE

Auf Englisch ist Malice die «Arglist / Böswilligkeit / Tücke». Auf Deutsch ist Malice ein Mädchen, dessen Eltern den Klang schön fanden und nicht bis drei zählen konnten.

♀ MALLORY

Vorsicht, Falle! Dieser englische Vorname klingt sehr hübsch, wirkt anmutig und melodisch. Leider ist der schöne Schein nach einem Blick auf die Etymologie des Namens schnell dahin: Ursprünglich französisch *malheuré / maloré*, bedeutet Mallory nichts anderes als «die Unglückliche». Verraten Sie das nicht den Engländern, die ahnen wie immer nichts.

♂ MALTE

«Hör mal, Malte, möchtest du bitte damit aufhören, sonst wird die Mami ganz traurig», säuselt die von ihren Eltern vollfinanzierte möchtegern-alternative Mami vom Nebentisch des Prenzlauer-Berg-Lokals und schlürft an ihrer lactosefreien Biolatte. Klischee? Aber sicher! Deswegen stimmt es ja auch.

♀ **MANDY**

Wie ist es dazu gekommen, dass aus einer harmlosen englischen Kurzform des klassischen Namens Amanda, der lateinischer Herkunft nach nichts anderes als «liebenswürdig» bedeutet, ein derartiger Namens-Prototyp für Dummbratzen geworden ist? Betrachten wir also den angloamerikanischen Sprachraum, in dem der Name ja heimisch ist. Dort stellt man sich einer großangelegten Umfrage zufolge eine Mandy schlicht und einfach als junge und energische Frau vor, und darüber hinaus als schlicht und einfach. Dummbratze halt.

! EIN HERZ FÜR MANDY

Tiefe Nacht liegt über der Raststätte Ohligser Heide. Fahle Wolken ziehen träge über den nordrhein-westfälischen Himmel, von Zeit zu Zeit malt ein vorbeifahrendes Auto eine Lichtspur über den weiten Parkplatz. Auf dem Seitenstreifen stehen wie schlafende Tiere die dunklen Lastkraftwagen. Schwach leuchten in den Fahrerkabinen die von trüb-roten Funzeln beschienenen Nummernschilder und verraten uns, wer auf den schmalen Pritschen neuen Fahrten entgegenschlummert: Es sind MANNI, JUPP und MICHI.

Manni, Jupp und **Michi** sind Brummifahrer. Deswegen heißen sie so. Weil sie so heißen, sind sie Brummifahrer. Sie könnten nicht **Justus Emilio** heißen oder **Shaqille Maurice**; kein **Leander** und kein **Friedrich** käme auf die Idee, seinen Lebensunterhalt mit Speditionsfahrten zu bestreiten. Natürlich wird, wer einen Schnöselnamen trägt, deswegen nicht zwangsläufig selber Schnösel. Sondern nur höchstwahrscheinlich.

Gewiss kann es sein, dass der Lebensweg eines jungen Menschen nicht dem entspricht, den sich die Eltern für ihn ausgedacht haben. Auch ein **Konstantin** kann auf die schiefe

Bahn geraten. Aber ein Konstantin, der aus den engen Maß-gaben seiner Eltern ausbrechen will, brennt eher mit seiner Klavierlehrerin nach La Gomera durch, als dass er Schweine-hälften von Cuxhaven nach Ennepetal fährt.[26]

Dabei fallen nicht nur wohlhabende Muttersöhnchen für den Fernlastverkehr aus. Auch die Skandinavienfraktion taugt nicht viel fürs Beladen von Coilmuldenanhängern und Schie-beplanenaufliegern. **Bjarne**, **Rasmus** und **Ture-Esben** sind zwar klare Fälle einer Überdosis Köttbullar, werden aber keinen 16-Tonner rückwärts in die IKEA-Anlieferung setzen können, so viel ist klar. Natürlich sind das Klischees. Nicht je-der Fernfahrer ist gleich ein Muskelprotz, trägt ein Käppi mit Salzrändern an den Schläfen und ist stolzer Besitzer eines Oberarmtattoos.

Kommen wir zu den Tattoos.

Ganz ähnlich den beleuchteten Nummernschildern sind nur manche Namen eintätowiert denkbar: **Mandy**, **Sunny**, **Pamela** gehen gut. Schwieriger wird es bei **Lena**, **Mia** und **Hannah**. Gänzlich undenkbar sind **Ernestine**, **Henriette Luise** und **Marie-Charlotte**. Wer sich Frauennamen einritzt, steht nicht auf Töchter tennisspielender Eltern. Oder vielleicht doch, aber dann diese nicht auf sie.

Machen wir uns nichts vor: Eine Liebe zwischen Emilie «*Emmy*» Clarenbach und Norbert «*Schnitzel*» Dambrowski ist nicht wahrscheinlich, so unromantisch das auch ist. Und des-wegen finden sich auf tätowierten Männerkörpern auch keine Namen junger reicher Frauen. Echte Kerle nadeln sich keine Perlhühner in die Fibroblasten.

---

26 Kinder wohlhabender Eltern mögen anfällig dafür sein, Schwierigkeiten zu bekommen, aber die Linie zwischen Rebellion und Hedonismus ist fein, und meistens aus Kokain.

Also bleibt es dabei: Brummifahrer heißen **Günther**, und das Herz auf ihrem Oberarm gehört **Mandy**. Es gibt übrigens auch noch einen zweiten Grund, aus dem die Namen der Damen meistens so schlicht sind: Ist die Liebe erst einmal vorbei, lassen sich kurze Namen schneller wieder wegschmirgeln.

♂ MANFRED

Manfred klingt in ausländischen Ohren wegen seiner Kombination aus alveolarem Nasallaut und zwei aufeinanderfolgenden Frikativen nach dem Inbegriff des hässlichen Deutschen. Es lässt sich niemandem verdenken. Ironischerweise ist gerade Manfred *inhaltlich* eine der ganz wenigen Ausnahmen, denn zur Abwechslung geht es hier mal nicht um berühmte Krieger: *-fred* steht wunderbarerweise für Frieden, und so möchten wir unseren europäischen Nachbarn zurufen: Manfred klingt nach Menschenfresser, aber sehet, er ist der *Friedens-Mann*! Es ist so rührend, man verzeiht ihm doch fast seinen hässlichen Namen. Aber nur fast.

♂ MANGOLD

Althochdeutsch. Zweigliedriger Name, zusammengesetzt aus *man* = «Mann» und *gold* = «Gold». Hätten Sie auch selbst drauf kommen können. Geschenkt. Aber bitte nennen Sie Ihr Kind nicht nach Gemüse. Und wenn doch, dann wenigstens nach einem Sommerobst *(Apple, Peach, Cherry)* anstatt nach so einem trübtassigen Spinatgewächs.[27]

27 Berühmte Namensträger: Mangold von Brandis († 1385), Bischof von Konstanz. Mangold mit Reis, Mangold mit Kartoffeln, Kartoffeln mit Mangold.

♂ MANNI

Mannis sind wie ▸ **Manfreds** ungeschliffene Menschen. Anders als diese sind sie aber weniger übergewichtig, sondern vielmehr drahtig und neigen auch seltener zu Glatze und Jähzorn. Stattdessen tragen sie ihr Haar als Vokuhila. Gleichzeitig sind sie dümmer als Manfreds, und zwar ein gutes Stück. Natürlich lässt sich das nicht verallgemeinern.

♂ MANUEL

Namen mit Gleitlauten (M, N, L) werden gemeinhin als schön empfunden. Jetzt hat Manuel (▸ **Manuela**) aber deren gleich drei; das sind leider zu viele, jedenfalls für einen Jungen. Der soll ja auch ein paar Ecken und Kanten haben, und das kann nicht hinhauen, wenn die ganze Zeit nur so geglitten wird.

♀ MANUELA

Der Name Manuela lässt einen an braunhaarige Mädchen denken, die in Siebziger-Jahre-Partykellern in einer Mischung aus traurig und angeödet an ihrem Plastikbecher mit warmem Asti Spumante nippen, weil ihr Schwarm nicht da ist und sie ständig von ▸ **Daniels** und anderen Langweilern zum Bluestanzen aufgefordert werden. Ja, Manuela war mal eines der hübschesten Mädchen der Vorstadt und lädt jetzt leise verzweifelt ihre Einkäufe für die ganze Woche in den Familienvan. Tröstet es sie, wenn sie erfährt, dass ihr Name aus dem Hebräischen kommt, von *Immanuel* abgeleitet ist und «Gott sei mit uns» bedeutet? Vielleicht. Und es gibt ein Lied, das nach ihr benannt ist. «Manuela» heißt es, und es ist von den Flippers.

♀ MARA

Mara ist der Name, den die biblische Noemi annahm, nachdem ihr Mann Elimelech gestorben war. Mara / Noemi scheint ihren Gatten gemocht zu haben: Bedeutete nämlich ihr erster Name «Freude», muss man ihren zweiten leider Gottes mit «bitter» übersetzen. Mara ist ein Name, den man, anstatt ihn an sein Kind zu vergeben, für sich selbst für Schicksalsschläge jedweder Art in der Hinterhand bewahren sollte.

♂ MARCEL

Marcel ist eine französische Form des lateinischen Namens *Marcellus*, der so viel wie «kleiner *Markus*» bedeutet. Mit dem hat ein Marcel aber psychologisch überhaupt gar nichts zu tun. Vielmehr glänzt er durch Selbstbewusstsein, vor allem gegenüber Frauen. Sein Erfolg beim anderen Ge-

Marcel Proust (1871–1922), Erfinder des berühmten Teegebäcks, das er nach seinem Vater *Madeleine* nannte. Sein Vater sollte ihm diese Geschmacklosigkeit nie verzeihen, nicht zuletzt, weil er *Adrien* hieß.

schlecht und seine Gelittenheit beim Lehrpersonal nutzt er aus und übt sich in manipulativem Verhalten. Auf ihn ist wenig Verlass; das hindert aber zuvörderst die Damenwelt nicht daran, immer wieder auf ihn hereinzufallen. Oder um es mit den Worten der Userin «Je t'aime Marcel» zu sagen, deren aufschlussreicher Kommentar sich im Internet auf einer Babynamen-Webpage finden lässt: «Mein Schwarm heißt auch Marcel. Er ist genauso cool und süß wie der Name. Aber er macht in letzter Zeit nur Scheiße, das find ich nicht so gut :(.»

♀ MASANI

Masani ist ein Name aus Uganda. Er beschreibt sehr spezifisch ein körperliches Merkmal, das manchen als Schönheitsideal gilt: Er bedeutet «Lücke zwischen den Zähnen». Der blödeste Name seit Karius und Baktus.

♀ MECHTHILD

Nebenform von *Mathilde* (althochdeutsch *maht* = Macht + *hiltja* = Kampf). Mit einem Namen wie Mechthild rutscht man ohne Umschweife aus dem Laufstall in die Menopause. Eine Mechthild *kann* gar keine Kindheit haben, das ist namenspsychologisch undenkbar. Über die Pubertät brauchen wir gar nicht erst zu sprechen. Natürlich müssen Sie sich das nicht wörtlich vorstellen. Auch eine Mechthild wird mal 13 Jahre alt sein. Während ihre Klassenkameraden im Freibad liegen und zu den Jungs rüberschielen, wird sie im Kaminzimmer sitzen und stricken.

♀ MEDEA

Medea ist ein Name griechischen Ursprungs (griechisch *mēdomai* = nachdenken / fähig sein), und es ist ein Name für

Fortgeschrittene. Entscheidend ist: Die *eigentlichen* Probleme bekommen hier nicht die Eltern, sondern die Nachfahren des Kindes. Zur Erinnerung sei erzählt, dass Medea, nachdem sie von Jason zugunsten der Königstochter Glauke verlassen wird, dieser ein vergiftetes Diadem und Kleid schickt, an dem sie jämmerlich zugrunde geht.[28] In Euripides' Version der Geschichte tötet sie dann auch noch, um Jason vollständig zu zerstören, die gemeinsamen Kinder. Eigentlich sollte schon die Light-Version ausreichen, um bei diesem Namen skeptisch zu werden.

♂ MEIKEL

Dieser Name lässt sich entweder als eingedeutschte Version des amerikanisch ausgesprochenen *Michael* deuten (wie in Meikel Jackson) oder als männliche Form des Mädchennamens *Meike*. Beides ist unbestritten gleich katastrophal.

♂ MEINHARD

Eine der unsympathischeren Eigenarten deutscher Vornamensgebung ist die hohe Anzahl der entsetzlichen *-hards*. Es ließe sich ein ganzes Lexikon aus Namen herstellen, die mit diesem Namensteil enden. *Hard* bedeutet, wie Sie wissen, stark, tapfer und kräftig. Und wir Deutschen haben es sehr mit dem Tapferen. *Reinhard, Einhard, Deinhard.* Sie fragen sich: Wo bleibt der Meinhard? Nun, Meinhard ist ein Sonderfall, weil auch der erste Namensteil von germanisch *magan* Härte, Kampf und Macht bedeutet. Ja, wenn man in die Schlacht zieht, um möglichst viele Gegner umzusensen, gilt das alte deutsche Sprichwort: Doppelt gemäht hält besser.

---

28 Auch ein bisschen doof von Glauke, muss man da sagen.

♀ **MELANIE**

Das Thema Vornamen ist so beliebt, dass auch einschlägige Boulevardblätter ihre Leser über Vornamen, deren Bedeutung und typische Träger aufklären möchten. Dabei setzen sie natürlich gerne auf den Faktor Sex. Ihnen zufolge sind etwa Melanies ein bisschen einfältig, aber gehen im Bett ab wie eine Granate. Das ist wahrscheinlich ein bisschen sehr spekulativ. Gesichert ist hingegen, dass der Name auf einen spätrömischen Familiennamen zurückgeht, der seine Wurzeln wiederum im Griechischen hatte (*mélas* = schwarz). Und dass Melanie in den Siebzigern und Achtzigern sehr beliebt war und danach aus der Mode kam. Junge Melanies sind also selten und werden bei Männern immer begehrter werden. Wenn Sie eine in die Welt setzen, achten Sie darauf, dass Sie später keinen Jungsbesuch übernachten lassen, Melanies werden nämlich sehr laut. Nach dem, was man so liest.

♀ **MELBA**

Nach Mrs. Melba benannte ein Londoner Spitzenkoch im ausgehenden 19. Jahrhundert sein Pfirsichdessert. Dabei war Melba lediglich der Künstlername der australischen Sopranistin Helen Porter Armstrong. Der Name bezog sich auf Melbourne, in dessen Nähe die Sängerin 1861 geboren wurde. Es ist also alles Pfusch: Der Name ist weder Vorname noch echt, er bezieht sich auf eine Stadt, aus der die Person noch nicht mal kommt, und das Dessert ist auch nichts Besonderes. Sie wollen einen Namen, der identisch ist mit einer Nachspeise, die entfernt nach einer Stadt klingt? Ist doch einfach: *Linzertorte*. Sie sagen, das ist gar kein Vorname? Richtig, aber Melba auch nicht.

Die historische Sopranistin Melba. Der kulinarische Pfirsich-Himbeer-Zusammenhang erschließt sich nicht. Aber das ist ja bei Birne Helene, Bismarck-Hering und Fürst-Pückler-Eis auch nicht anders. Schade übrigens, dass es kaum deutsche Zeitgenossen gibt, nach denen Speisen benannt wurden. Politiker fehlen gänzlich, mit Ausnahme der Kohlroulade.

♀ MELITTA

Melitta steht ▸ **Mercedes** nicht nur alphabetisch nah: Der Name erzählt eine ganz ähnliche Geschichte. Denn auch hier wurde eine technische Innovation auf einen Frauennamen getauft. Im Unterschied zu Mercedes aber war Melitta selbst die Verantwortliche für eine Neuerung, die den Kaffeegenuss revolutionieren sollte: Sie erfand den Kaffeefilter. Der ungewöhnliche Name ist griechisch, bedeutet «Biene» und wurde erst spät von Liebhabern der hellenistischen Antike wiederentdeckt. Leider denkt jeder statt an eine Biene stets an den unsäglichen Melittamann, der uns nicht nur den Filterkaffee, sondern nun auch diesen ungewöhnlichen Namen vermiest hat.

♀ MELODY

▸ **Wolkes** Schwester im Geiste. Sollten Sie auf eine versteckte Bedeutung dieses Namens hoffen, machen Sie sich auf eine Enttäuschung gefasst. Melody leitet sich weder von französisch *miel* noch *iodé* ab und bedeutet somit nicht «jodierter Honig». So schön das auch wäre. Melody heißt schlicht und ergreifend Melodie. Dieser Name ist unecht, er ist künstlich parfümiert, er ist wie vergoldetes Plastikobst, und wer seine Tochter so nennt, hat nicht alle Kekse in der Dose.

♂ MENNO

Dieser seltsame Name ist eine Variante des friesischen *Meine*; der wiederum ist Kurzform aller mit *Mein-* beginnenden Namen (z.B. ▶ **Meinhard**). Menno schickt uns auf eine Zeitreise, weit zurück in die Kindheit, als man sich nicht zum Spielplatz traute, weil man Angst vor den «Rockern» hatte; als man eine Dumpfbacke einen «Idi» nannte und als man, wenn man trotzig war, «Menno» sagte anstatt «Fuck you, Alter». Eine wunderbare Zeit war das, harmlos und friedlich, aber wir werden sie nicht zurückholen, indem wir unsere Söhne Menno nennen. Wir werden nur Schimpf über sie bringen, und von diesem Schimpf wird «Du Idi!» noch der geringste sein.

♀ MERCEDES

Ursprünglich aus dem Spanischen, abgeleitet von *merced* = «Gnade / Barmherzigkeit». Das Auto hat den Vornamen in der Bekanntheit weit überholt, sozusagen mit Lichthupe auf der linken Spur. Übrigens war es nicht Herr Benz, der das legendäre Automobil so genannt hatte, sondern Gottlieb Daimler. Er taufte den von Maybach gebauten neuen Rennwagen noch nicht einmal nach seinem eigenen Kind, sondern nach dem Kosenamen einer der Töchter des österreichischen Kaufmanns und Generalkonsuls Emil Jellinek. Mercedes' richtiger Name war übrigens *Adrienne* ▶ **Manuela** *Ramona*. Eine unglaublich verwickelte Geschichte, vor allem diese lästige Sache mit den eigentlichen und uneigentlichen Vornamen. Doch um auf den Punkt zu kommen: Egal, wer vorher da war – Sie sollten Ihr Kind nicht nach einem Auto nennen.

Mercedes Sosa (1935–2009), der Truck unter den Folkloresängerinnen. Wunderbar lässt sich hier veranschaulichen, dass sich die Auswirkungen der Namensgebung nicht so einfach kontrollieren lassen wie gewünscht. Die Eltern nennen ihr Kind Mercedes und erhoffen sich einen SLK – was sie bekommen, ist die Ess-Klasse.

♂ MERKEL

Merkel ist die Koseform von *Markward*. Ist es nicht eine hübsche Wendung der Geschichte, dass wir eine Kanzlerin haben, deren Name althochdeutsch «Gebietswächter» heißt? So verhält es sich nämlich. Bedauerlich, dass Merkel kinderlos geblieben ist, über einen Sohn namens Merkel Merkel hätten sich alle sehr gefreut. Aber auch nur darüber.

Denn – bitte nehmen Sie es nicht als politische Standortbe-
stimmung – generell ist von Merkel eher abzuraten.

♀ METTE

Mette (niederdeutsche Kurzform von ▶ **Mechthild** / *Mathilde*) ist ein eher witziger Name. Anders als die allermeisten
auf -*ette* endenden Frauennamen ist er keine Ableitung eines
Männernamens, sondern steht für sich alleine. Da steht er
aber nicht besonders gut. Selbst wenn man ihn deutsch aus-
spricht und nicht französisch, klingt er immer noch ganz
schön fleischig. Dafür lässt er sich als Zweitname schön mit
anderen Namen kombinieren, auch mit chinesischen, zum
Beispiel mit *Li*.

♀ MIA

«Mia san Mia!», ruft der Bayer gerne. Er wird in Zukunft noch häufiger Gelegenheit dazu bekommen, denn Mia
(Kurzform von *Maria*) ist zum dritten Mal in Folge der be-
liebteste Mädchenvorname in Deutschland. Ein Name, der
das Kunststück vollbringt, die neokonservative Nostalgitis
zu bedienen und gleichzeitig eine gewisse skandinavische
Heiterkeit mitschwingen zu lassen. Und so süß! Doch die
Wahrscheinlichkeit, dass alle diese Mias tatsächlich zu den
ersehnten blonden Engelchen werden, ist eher gering. Es
wird mit der Beliebtheit des Namens schnell ein Ende haben,
wenn die Wirklichkeit mit voller Wucht zuschlägt und die
ersten lernschwachen, koordinationsgestörten und / oder
übergewichtigen Mias die Pausenhöfe bevölkern, um ihren
Mitschülerinnen die Haare auszureißen.

Die Amerikaner sind ein eigenes Völkchen. Die Freiheit des Einzelnen ist Ihnen so wichtig und unantastbar, dass viele der in unseren Augen sinnvollen Einschränkungen dieser Freiheit für sie undenkbar sind. Und so würde es keinem Amerikaner einfallen, dem Staat im Allgemeinen und irgendwelchen üsseligen Beamten im Speziellen das Recht einzuräumen, anhand einer übergeordneten Definition von Kindeswohl darüber zu entscheiden, welche Namen für das eigene Kind erlaubt sein sollten und welche nicht.

Das gilt im Übrigen nicht nur für die Neubenennung des Nachwuchses, sondern auch für die eigene Umbenennung. Sie sind es satt, **Ulrich Schmidt** zu heißen? Dann nennen Sie sich doch **Habakuk Vanilleeis**, da hat niemand etwas gegen. Es sei denn, irgendein Promi heißt so, in diesem Fall würden Sie in dessen Freiheit eingreifen; also planen Sie um und nennen Sie sich **Torflappen Bummelbahn**. Zum Beispiel.

Nun dürfen sich die Amerikaner nicht nur Vornamen frei ausdenken, sondern nutzen auch rege die Möglichkeit, über den Namen ihrer Kinder ihr Streben nach Glück, Wohlstand und Anerkennung zum Ausdruck zu bringen. Vor allem Markennamen haben es den stolzen Eltern angetan. So heißen die Kleinen nicht mehr nur ▸ **Mercedes**, sondern nach allem anderen, was der globale Markt gerade so hergibt: **Porsche**, **Lexus**, **Del Monte** und **Timberland** sind nur ein paar Beispiele für neue amerikanische Kindernamen. Weit davon entfernt, lediglich der statistisch irrelevante Ausdruck einer spinnerten Minderheit zu sein, finden sich für das Jahr 2010 in der aktuellen offiziellen Vornamensstatistik der USA immerhin 330 **Chanels**, 526 **Armanis** und 3742 **Bentleys**.

Ist Ihnen das zu materialistisch? Kein Problem, wer es

protzig und poetisch zugleich haben möchte, kann für Jungen auf **Legend** (210-mal) und für Mädchen auf **Princess** (233-mal) zurückgreifen. Was für ein Paar ergäbe das! Hätten Sie es lieber weniger märchenhaft, aber trotzdem hübsch, greifen Sie doch zu ▸ **Adonis** oder **Beau**. Finden Sie unangebracht? Warum sollen nur Frauen «Hübsch» heißen dürfen? **Bella** hat es 2010 immerhin mit 5082 Geburten bis in die Top 50 der offiziellen Statistik geschafft. Sicherlich hat das nicht zuletzt mit der Vampirschnmonzette *Twilight* zu tun, die den Namen im letzten Jahrzehnt kontinuierlich nach oben spülte – von Platz 749 im Jahr 2000 auf aktuell Platz 48!

Bella war immerhin auch schon *vor* dem Blutsaugerepos ein echter Vorname. Im Gegensatz zu **Beckham**. Der gleichnamige Fußballspieler ist in den Vereinigten Staaten über die letzten Jahre so populär geworden, dass sein Nach- zu einem Vornamen geworden ist. Seit 2008 steht Beckham in den amerikanischen Top 1000, momentan rangiert er auf Platz 655. Das mag nicht nach viel klingen, ist aber immerhin noch 253 Plätze über **Britney**, die im letzten Jahrzehnt einen unvergleichlichen Absturz von den vorderen Hunderter-Rängen auf Platz 908 hingelegt hat. Armes Mädchen. Was die Zukunft angeht, darf man jedenfalls gespannt sein, was in den kommenden Geburtenjahrgängen für den Mädchennamen **Ladygaga** drin ist.

♀ MICHELLE

«Michelle, ma belle, sont les mots qui vont très bien ensemble, très bien ensemble.» Ein schönes Lied der Beatles. Damals, Mitte der Sechziger, war eine Michelle ein charmantes und süßes, dabei selbstbewusstes und irgendwie auch geheimnisvolles Mädchen mit Esprit. Die Michelle von heute läuft mit ihrer Freundin ▸ **Jacqueline** miesepetrig durch die Einkaufspassage, kaut mit offenem Mund Kaugummi und kennt Esprit nur noch als den Laden, wo man gut Sonnenbrillen klauen kann. Die Etymologie: *Michael* ist hebräisch und bedeutet: «Wer ist wie Gott?» Es ist unklar, ob das eine Fangfrage sein soll. Wie, «wer ist wie Gott?»? Na, Michelle jedenfalls schon mal nicht.

♂ MIKE

Amerikanische Kurzform von *Michael* (▸ **Michelle**). Mehr Achtziger geht beim besten Willen nicht. Der Renner auf jeder Bad-Taste-Party. In der aus politischen Gründen deutsch eindiphthongierten DDR-Version *Maik* mit echtem Ostalgie-Touch, was zweifellos noch ein Stück schlimmer ist als das Original. Bedauerlich, dass es ähnliche Transformationen so selten gegeben hat – wie schön wäre es, verfügten wir heute über Eindeutschungen wie Mendi! Oder Keili! Dschonn! Schörli! Ein Jammer.

♀ MKIWA

Dieser Suaheli-Name lässt sich nur sehr schwer aussprechen. Sollten Sie als Elternteil aber auch in eigenem Interesse nicht, er bedeutet nämlich «Waisenkind».

♀ MONA

Mona hat drei Bedeutungen: Wir kennen den Namen erstens als Kurzform von *Monika* und *Ramona* sowie zweitens als eigenständigen irischen Namen (gälisch *muadh* = edel). Die dritte Bedeutung ist die spanische, dort ist *mona* die Äffin. Und weiter im Text.

♀ MORGANA

Dies ist ein seit den achtziger Jahren in Deutschland vergebener Name aus der Artussage. Die genaue Herkunft des Namens ist ungeklärt. Der Name ist für eine Tochter nicht so prima, aber Hauptsache, es heißt nicht der Vater Morgana.

♀ MORRIGAN

Morrigan ist ein alter irischer Name. Er leitet sich ab von keltisch *marwo* = «tot» und altirisch *rígain* = «Königin» und bedeutet somit «Königin des Todes». Morrígan ist die vorchristliche keltische Göttin der Unterwelt, des Krieges und des Todes. Das hat sie etwas verbittert gemacht, sodass sie ein bisschen häufiger die Sense schwingt, als es beruflich erforderlich wäre. Ist denn nichts Gutes an Morrigan? Doch, sie kann sich in Tiere verwandeln, zum Beispiel in eine Kuh oder einen Aal.

♂ NACHMAN

Nachman ist ein verwirrender Vorname. Er ist eine Nebenform des neuhebräischen *Nahum*, der sich vom biblischen *Nehemia* (Gott ist mein Tröster) ableitet. Wer auf die Frage nach seinem Vornamen mit Nachman antworten muss, riskiert, verständnislose Blicke zu ernten. Es steht fest: Als Vorname taugt der Name nichts (hinnehmbar wäre hingegen Nachman als Nachname).

♀ NADA

Südslawisch: «Hoffnung.» Spanisch: «Nichts.» Was wird der armen Nada in ihrem Auslandssemester in Barcelona wohl passieren? Freit sie der schnittige Spanier? Nein, auslachen tut er die Arme, das klägliche Nichts. Es bleiben Bitterkeit, Kummer und Trübsal. Hoffnung? Nada.

♀ NAJA

«Kleine Schwester» bedeutet dieser grönländische Mädchenname. Naja ist zwar originell, kommt aber ziemlich komisch rüber, vor allem in Kombination mit einer großen Schwester ▸ **Achje**.

♂ NEIDHART

Neidhart ist ein wirklich sehr unangenehmer Name. Er klingt entsetzlich altmodisch, und über seine Bedeutung muss sich niemand Illusionen machen: Sie ist genauso unerquicklich wie vermutet. Das althochdeutsche *nid* ist die feindselige Gesinnung (also de facto der Neid), das althochdeutsche *hart* bedeutet «hart, kräftig». Neidhart ist also ein kräftiges Arschloch und somit ein echtes Ekelpaket.

♂ NEMO

Ein Name, der Minderwertigkeitskomplexe garantiert, bedeutet er zu lateinisch *nemo* doch «niemand». «Ich bin ein Nichts», wird das Kind irgendwann herausbekommen, und wenn es keine ▸ **Nada** findet, geht es stante pede vom Grundkurs Latein in die psychotherapeutische Betreuung, und die zahlen Sie.

♀ NENA

Nena ist kein eigener Name, sondern die Lallform eines anderen, etwa *Magdalena*. In romanischen Ländern wird Nena nur als privater Kosename verwendet, wie im Deutschen Hase, Schatzi oder Puschel. Auch die ~~Grande~~ Dame Puffmutter der deutschen Popmusik, Nena, heißt mit bürgerlichem Namen anders, nämlich *Gabriele*. Schon in Deutschland klingt Nena kindisch, aber im Ausland macht man sich mit dem Namen zum Affen. Ein Italiener nennt seine Tochter schließlich auch nicht Pupsi.

♀ NESSA

Nessa ist ein eigenständiger, alter irischer Vorname. Er bedeutet «unfreundlich». Ihn trug die legendäre Königin Assa («freundlich»), deren 12 Brüder ermordet wurden, woraufhin sie zur zornigen Kämpferin wurde und ihren Namen in Ni-assa («*nicht* freundlich») respektive Nessa abänderte. Nachvollziehbar, aber trotzdem.

An anderer Stelle haben wir einen Blick über den Großen Teich geworfen und über die von Materialismus und Promiwahn geprägte Vornamensgebung der Amerikaner gespottet. Dabei möchten wir aber nicht verschweigen, dass in den USA auch die Tugenden immer noch sehr gefragt sind, wenn es um einen schönen Namen für die Kleinen geht. Von der Barmherzigkeit (**Charity**) über die Gelassenheit (**Serenity**) bis hin zum Glauben (**Faith**) ist alles dabei.

Doch wirklich aufschlussreich wird es bei der Betrachtung der Details: Schaut man sich nämlich die offizielle Top 1000 der amerikanischen Vornamensstatistik genauer an, entdeckt man zum Beispiel, dass die Barmherzigkeit (**Charity**) über die letzten Jahrzehnte ein bisschen aus der Mode geraten ist (1975: Platz 183; 2010: Platz 794). Der Glauben (**Faith**) hingegen hat den umgekehrten Weg genommen und sich seit seinem historischen Tiefpunkt 1969 (Platz 422) langsam, aber stetig auf Platz 74 vorgearbeitet.

Besondere Beachtung verdient auch die Karriere der Freiheit (**Liberty**): War sie zwischen 1977 und 2000 komplett aus den Top 1000 verschwunden, tauchte sie 2001 dort urplötzlich wieder auf. Zwar zuerst nur auf Platz 753 – bedenkt man aber, dass die Amerikaner lediglich drei Monate Zeit hatten, mit der Benennung ihrer Kinder auf die historischen Ereignisse im September jenes Jahres zu reagieren, ist es doch erstaunlich.

Am meisten hat es den Amerikanern aber das Schicksal (**Destiny**) angetan: Dieser Name liegt stabil ganz weit vorne und rangiert seit 15 Jahren in den Top 100. Er ist so beliebt, dass er inzwischen auch bei den deutschen Chantalisten angekommen ist. Bei denen sind die deutschen Gegenstücke der hier vorgestellten amerikanischen Namen indes weniger beliebt. Bisher tauchen Prachtexemplare wie etwa die pietistischen Traumnamen **Ehrentochter** und **Glückmännin** jedenfalls auf noch keinen Autoaufklebern auf.

Wir können warten.

♀ NEVAEH

Relativ neuer Name angloamerikanischer Herkunft, der sich aus der Rückwärtsschreibung des Worts *heaven* («Himmel») ergibt. Dämlicher geht es nicht. Gerade die Amerikaner benennen ihre Kinder doch sowieso völlig schamfrei nach Obst, Tugenden, Uhrzeiten und Wasserrutschen! Wenn sie anfangen, das alles auch noch rückwärts zu machen, und das hierzulande tatsächlich erlaubt wird – na, dann herzlichen Glückwunsch. Wenigstens weiß der Verlag in dem Fall, wie er das Nachfolgebuch gefüllt bekommt.

♀ NICOLE

Nicole ist wie ▶ **Manuela** und ▶ **Katja** ein Kind der siebziger und frühen achtziger Jahre, aber anders als diese ist sie weder rassige Schönheit noch flippiger Kumpel, sondern eine blöde Streberin. Der Name leitet sich ab von ▶ **Nikolaus**, und da sind wir beim Thema: Während die anderen Mädchen sich einen Rock, Schmuck oder einen duften Typen wünschen, will Nicole ein bisschen Frieden oder, noch besser, eine gute Note in Reli.

♂ NIKOLAUS

Nikolaus sollten Sie Ihren Sohn deswegen nicht nennen, weil kein Kind dafür zuständig sein will, die Geschenke, anstatt sie zu erhalten, selber zu bringen. Vielleicht ist der Name

Nikolaus, hier im Bild mit Knecht Ruprecht, der derzeit wegen Missbrauchs Schutzbefohlener eine Haftstrafe absitzt, an die sich vermutlich Sicherungsverwahrung anschließen wird.

auch ein bisschen ungewöhnlich (dabei gehören seine Kurzformen *Niklas / Nico* und ▶ **Klaus** zu den beliebtesten deutschen Vornamen). Ursprünglich griechisch, setzt er sich aus den beiden Bestandteilen *nike* = «Sieg» und *laos* = «Volk» zusammen. Ein wahrlich legendärer Name, dessen berühmtester Träger, anders als der Weihnachtsmann, tatsächlich existierte, und zwar im 4. Jahrhundert als Bischof von Konstantinopel. Dort kümmerte er sich um die Armen, buk Plätzchen und teilte seinen Mantel. Ach nein, das war Sankt Martin.

♀ NIKOLETTE

Eingedeutschte Version der weiblichen Variante der französischen Fassung des Männernamens *Niko*, der Kurzform von ▶ **Nikolaus**. Nikolette wär ein hübscher Name für weihnachtlich kostümierte Animierdamen im Stripclub, oder wahlweise für ein Produkt, mit dem man sich das Rauchen abgewöhnt. Beides nicht die Art von Assoziation, die Sie sich für Ihre Tochter wünschen.

♀ NINETTE

«Ich bin Ninette und ich bin nie nett», stellte sich Ninette (franz. Koseform von *Nina*) einem Freund des Autors vor, und mit seiner Einschätzung, sie habe anscheinend nicht alle Latten am Zaun, lag er dann auch sehr richtig.

♀ OCTAVIA

Lateinisch «die Achte». Einerseits ist es unrealistisch, einen Namen für ein achtes Kind suchen zu müssen, andererseits werden Sie im Fall des Falles Hilfe gebrauchen können. Seien wir ehrlich: Wenn man das Namenslexikon sieben Mal durchgeblättert hat, braucht man für Kind acht vornamenstechnisch nicht mehr den heißesten Scheiß. Für alle, die das betrifft, ist der Name also eine anständige Wahl, die anderen schauen nach *Septima* und darunter.

♂ ODE

Ode ist ein nigerianischer Name, er bedeutet «am Straßenrand geboren». Dieser Name empfiehlt sich für weite Gebiete des ländlichen Afrikas, aber in Deutschland wegen des hohen Zivilisationsstandards und der großen Krankenhausdichte nur für ein paar wenige entvölkerte Landstriche sowie das ganze Land Brandenburg.

♂ OLAF

Heißen Sie Olaf? Bitte bezwingen Sie Ihre Neugier und blättern Sie weiter. Es würde Sie nicht erfreuen, was hier zu erfahren ist. Alle anderen Leser informieren sich bitte in der Fußnote.[29]

---

29 Forscher der TU Chemnitz haben eine Studie zu deutschen Vornamen gemacht und deren soziale Wahrnehmung untersucht. Unter anderem

♂ OLC

Manchmal beschleicht einen der Eindruck, nur die Slawen und Germanen hätten richtiggehend hässlich klingende Namen. Umso angenehmer, einen irischen Jungennamen zu finden, der nicht nur unschön aussieht und klingt, sondern auch noch eine unsympathische Aussage hat: Olc bedeutet «böse». Ein herzliches Dankeschön an die Iren für dieses Zeichen guten Willens.

♀ OLDENBURGIA

Beim Deutschen Institut für Meteorologie kann man Wetterpate werden, für ein bisschen Geld lassen sich Hochs oder Tiefs buchen. Da Letztere natürlich unbeliebter sind, bekommt man sie auch billiger: Ein Tief kostet 199, ein Hoch 299 Euro. Im Herbst 2005 wollten Bürger der Stadt Oldenburg dem kläglichen Image ihres Heimatorts ein bisschen auf die Sprünge helfen und investierten in ein Hoch. Da sie das aber nicht Oldenburg nennen durften – nur Vornamen sind erlaubt –, erschufen sie kurzerhand den Mädchennamen Oldenburgia. Vorher musste nachgewiesen werden, dass es sich tatsächlich um einen gültigen Vornamen handelt. Dies erledigte ein Gutachten der Gesellschaft für deutsche Sprache, sodass seit 2005 Oldenburgia ein amtlich bestätigter, zulässiger Mädchenname ist. Nun ja, auf jedes Hoch folgt ein Tief, und ein solches holen Sie sich mit einer Tochter namens Oldenburgia für mindestens 18 Jahre nach Hause.

forschten sie nach demjenigen Vornamen, dessen Träger sich die Befragten als am hässlichsten vorstellen. Und gewonnen hat Olaf! Im Vertrauen: Überraschen tut das niemanden. Dass Chemitz nicht zu Deutschlands schönsten Orten gehört und speziell die männlichen Studenten der TU das nicht gerade rausreißen, tut nichts zur Sache.

♀ **OLIVE**

Englisch. Nennen Sie Ihre Kinder nicht nach etwas, das man essen kann.

♂ **ONAN**

Onan ist einer der vielen Unglücksraben in der Bibel, an dessen Geschichte hier kurz erinnert werden soll: Bruder des verstorbenen ▸ **Er**, sollte er dessen Witwe Tamar (▸ **Tamara**) heiraten, um in Ers Namen dessen Blutlinie fortzuführen. Onan wollte nicht und ließ seinen Samen auf die Erde fallen. Man weiß nicht, ob das Selbstbefriedigung oder einen Coitus interruptus beschreibt, aber es ist auch egal, denn die Konsequenz war eh dieselbe: Gott missfiel es, und er tötete ihn. Glücklich wäre er mit dem Namen eh nicht geworden.

♀ **ORCHIDEE**

Es ist nichts dagegen einzuwenden, sein Kind nach einer Blume zu benennen. Es gibt zig Beispiele dafür, sogar das Wort «Blume» selber ist in der französischen Form *Fleur* ein auch in Deutschland zugelassener Vorname. Trotzdem muss von diesem Namen abgeraten werden, und zwar wegen seiner Bedeutung. Die Orchidee trägt ihren Namen wegen der Ähnlichkeit ihrer Wurzelknollen mit männlichen Testikeln, denn diese heißen griechisch *orchis*. Wer das nicht glaubt, darf sich ein paar Gedanken machen, warum «Knabenkraut», «Geilwurz» und «Pfaffenhödlein» wohl so heißen. Es ist nicht zu verleugnen: Die Orchidee ist hodensackartig, und das ist unter keinen Umständen ein passendes Attribut für die Beschreibung Ihrer Tochter.

♂ ORKAN

Türkisch. Sprechende Namen sind etwas Schönes. Orkan, da denkt man direkt an rassige Stärke, wilde Energie und ungestüme Kraft der Jugend. Doch mag Orkan im Deutschen noch so toll klingen, die Bedeutung des türkischen Namens ist eher öde: Sie lautet schlicht «der Stadtrichter». Gähn.

♂ OSAMA

Osama kommt aus dem Arabischen (dort auch *Usama*) und bedeutet «der Löwe». Im europäischen Sprachraum wär das ▸ **Leon**. Und ob Sie jetzt auf Megaterroristen stehen oder nicht – Sie müssen zugeben, dass Osama im Vergleich zu Leon eine echte Alternative ist. Weil Sie aber mit einem Kind dieses Namens zwangsläufig das Bundesamt für Verfassungsschutz in der Telefonleitung haben und Werbeflyer von den Salafisten im Briefkasten, sind die Begleitumstände für einen Buben namens Osama derzeit wahrscheinlich suboptimal.

♂ OTTHEINZ

Unter Doppelformen versteht man solche Namen, die aus der Kombination von zwei Namen hervorgegangen sind. Wir kennen viele weibliche Beispiele wie *Annkathrin* oder *Marianne*, aber nur wenige männliche. In den meisten Fällen sind dies nur Varianten in der Schreibung: *Karlgeorg* kann genauso gut *Karl-Georg* oder *Karl Georg* geschrieben werden. Umso schöner, Ihnen mit Ottheinz eine der wenigen Ausnahmen präsentieren zu können. Ein Name, der seinen Schwager *Heinz-Otto* an klanglicher Debilität noch um Längen schlägt. So, und nachdem Sie dieses Kuriosum gesehen haben, kommt es auch ganz schnell wieder in den onomastischen Giftschrank, wo es hingehört.

Eine der am häufigsten gestellten Fragen ist die nach der Schreibung mehrerer zusammengehöriger Vornamen. Die Antwort ist eigentlich einfach. Im Normalfall haben Sie folgende Möglichkeiten: Sie verwenden einen Bindestrich oder lassen es bleiben.

Mehr als zwei Namen dürfen Sie aber nicht über Bindestriche zusammenziehen. So ist **Luka-Finn-Ashton** beispielsweise nicht erlaubt. Gleichwohl ist bei mehr als zwei Namen jede Zweierpaarung möglich, sodass Sie auf **Luka-Finn Ashton** oder **Luka Finn-Ashton** ausweichen dürfen. Diese Regel setzt sich bei weiterer Aufstockung der Vornamen fort, sodass sich bei vier Vornamen mannigfaltige Kombinationsvarianten ergeben. Bei **Horst Uwe Blue Niklas** ergibt sich zum Beispiel die Möglichkeit, den zweiten mit dem dritten Vornamen zu verbinden, wodurch Sie einen originellen Akzent auf **Uwe-Blue** setzen würden.

Eine dritte, ungewöhnlichere Option sollte Ihnen nicht vorenthalten bleiben: die Verschmelzung zweier Vornamen zu einem (**Marianne**, **Karlheinz**). Hier lässt sich leider weniger einfach definieren, nach welchen Regeln neue Kombinationen zugelassen oder abgelehnt werden. Dies hängt ganz entschieden von der Praxis der jeweiligen Standesämter ab. Wenigstens bei den Männern scheint die Kombination einsilbiger Vornamen (**Hansbernd**) üblicher als die mehrsilbiger (**Dieterachim**, **Ferdinandhelmut**). Denkbar wäre theoretisch auch die platzsparende Doppelnutzung von End- und Anfangssilbe wie in **Alexandernst** und **Ottorsten**. Was Ihre Chancen auf dem Standesamt angeht, sollten Sie sich aber keine falschen Hoffnungen machen.

Zum Schluss noch eine ganz ausgefallene Variante. Eine

Regensburger Familie wählte diesen sehr besonderen Weg: Sie ließ sich von der unschönen neudeutschen Vorliebe für Großschreibung innerhalb des Kompositums (BahnCard, BürgerInnen) inspirieren und wollte das entsprechende Prinzip auf den Doppelnamen ihrer Tochter anwenden. Weil das zuständige Standesamt den Eltern diesen Wunsch verwehrte, zog man vor Gericht. Dort versäumten die Richter, Vater und Mutter wegen mangelnder geistiger Reife das Sorgerecht zu entziehen, und gaben ihnen stattdessen recht. Seitdem heißt das arme Kind LouAnn.

♀ PANDORA

Pandora ist griechisch und setzt sich zusammen aus *pan* = «alles» und *doron* = «Gabe, Geschenk». Pandora ist also die «Allbeschenkte» bzw. «Allbegabte». Eigentlich schön, will man meinen. Aber so wie König Midas ziemlich danebengriff, als er sich wünschte, alles von ihm Berührte möge sich zu Gold verwandeln, ist es mit Pandora auch nicht gutgegangen. Wir erinnern uns: Die Götter schickten Pandora mitsamt Büchse den Menschen auf Erden als erste Frau. Nicht aus Freundlichkeit, sondern aus Rache: Prometheus hatte ihnen zuvor das Feuer gestohlen, und das sollte bestraft werden. Die Götter gestalteten Pandora besonders verführerisch, unter anderem schenkte ihr Aphrodite Schönheit, Athene Blumen und Hermes bezaubernde Sprache. Man gab ihr schließlich ein Gefäß als Geschenk für die Menschen mit; und als Prometheus' Bruder es naiverweise direkt öffnete, entwichen auf die vorher paradiesische Erde alle bisher unbekannten Übel: Krankheit, Kummer und Leid. Kommt Ihnen die Geschichte auch so bekannt vor? Tja, wie unterschiedlich die Protagonisten auch heißen, ob's der Apfel ist oder die Büchse: Vor den Frauen muss man sich in Acht nehmen, und wenn es schiefgeht, schiebt man es besser auf sie. It's a man's world.

Pandora mit Büchse[30] in einem Gemälde
von Jules Joseph Lefebvre (1836–1911).
Zu Lefebvres Zeiten konnte man sich
nur unter Inkaufnahme mythologischer
oder historischer Kollateralfakten
nackte Frauen angucken. Heutzutage
geht es ohne, aber es ist fraglich, ob das
eine Verbesserung darstellt.

♂ PARIS

Bei allen Trashjunkies als Frauenname verbucht (P. Hilton), gehört er eigentlich einem Mann. Paris war Sohn des trojanischen Königs Priamos. Er entführte Helena, die atemberaubend schöne Ehefrau des Königs Menelaos von Sparta, und löste damit den furchtbaren Trojanischen Krieg aus. Sie wissen schon, die Geschichte mit dem Holzpferd. Absolut unbegreiflich, wie die Trojaner darauf reinfallen konnten, mein Gott, wie kann man nur so doof sein.

♂ PASCAL

«Der zu Ostern geborene.» Französisch. Kaum zu bewerkstelligen. Klar, Eltern wünschen sich Kinder, die an

30 Die Buxe der Pandora ist nicht abgebildet.

Feiertagen geboren werden, weil sie dann eh freihaben und weniger Geschenke kaufen müssen. Die Kinder aber sind todunglücklich. ▸ **Jesus** zum Beispiel hätte sich bestimmt mehr gefreut, wenn er im Juli Geburtstag gehabt hätte, denn dann hätte er zu Weihnachten Myrrhe und Weihrauch bekommen und im Sommer dann auch mal eine Puppe oder ein Dreirad. Andererseits werden die verwöhnten Kinder häufig ziemlich egoistische Menschen, also war das in diesem Fall vielleicht ganz gut so.

♂ PAUL

Paul ist ein sehr schöner Name, der über die letzten Jahre immer beliebter geworden ist. Leider bedeutet er abgeleitet vom lateinischen *paulus* «der Kleine». Und unterdurchschnittlich klein wünscht sich niemand sein Kind, abgesehen von Jockeys und honduranischen Minenarbeitern.

♀ PERDITA

Der Name klingt nach einer von Roland Kaiser besungenen mexikanischen Schnalle. Mit Glutaugen und so. Leider ist Perdita lateinischen Ursprungs und bedeutet «verloren». Schade.

♂ PEREZ

Hier wird es ein bisschen unangenehm. Perez ist kein Name, der einer werdenden Mutter gefallen wird. Er bedeutet nach dem hebräischen *peres* wörtlich «Riss» bzw. «Durchbruch», und das erhofft sich für den Geburtsvorgang wahrscheinlich keiner.

♂ PETER

Schwarzer Peter, Ziegenpeter, Peterwagen, Petersilie – Peter ist ein dermaßen gängiger Name, dass er uns unser ganzes Leben lang in den verschiedensten Formen begleitet. Peter leitet sich ab von griechisch / lateinisch *Petrus* («Stein»); dies ist der Beiname, den Jesus seinem Jünger Simon gab. Tatsächlich gehörte der Name vom Mittelalter bis in die zweite Hälfte des 20. Jahrhunderts zu den beliebtesten deutschen Vornamen. Und damit ist auch mal gut.

♀ PETRA

Petra ist ursprünglich die weibliche Form von ▶ **Peter** / *Petrus*, faktisch aber der weibliche ▶ **Olaf**. Einer Studie der TU Chemnitz zufolge gibt es in Deutschland keinen Frauennamen, dessen Trägerin man sich hässlicher vorstellt als eine Petra. Und Olaf ist halt das männliche Pendant. Ein Schlag ins Gesicht, sicher. Nennen Sie Ihr Kind besser nicht so. Heißen Sie selber Petra, dann trinken Sie einen drauf, schnappen Sie sich einen Olaf und zeigen Sie der Welt, was für hübsche Kinder Sie machen können. Nennen Sie es vorsichtshalber nicht ▶ **Adonis**.

! DIE MÄDCHEN VON SEITE EINS

Ist Ihnen schon mal aufgefallen, dass Frauenzeitschriften ▶ **Petra**, **Brigitte** und **Laura** heißen, Männerzeitschriften aber nicht ▶ **Günther**, ▶ **Manfred** und **Hansgeorg**? Stattdessen gibt es für das starke Geschlecht in den Zeitungsständern nur Titel wie BEEf, Men's Health und die Neue Busen.

Man kann nur mutmaßen, womit das zusammenhängt. Wahrscheinlich mit einem männlichen Mangel an Empathie. Der Mann an sich mag sich nicht so sehr an einen anderen bin-

143

den, als dass es ihm eine angenehme Vorstellung wäre, eine Zeitschrift zu kaufen, die **Herbert** heißt. Männer empfinden eine so enge Beziehung meistens als zu intim. Sie kämen ja auch nie auf die Idee, wie die Frauen gemeinsam zur Toilette zu gehen. Mit der Zeitung allerdings schon, und da schließt sich dann der Kreis.

Für beide Elternteile gilt jedenfalls, dass sie sich für ein Mädchen keine Namen aussuchen sollten, der als Titel eines aktuellen Frauenmagazins fungiert. Denn so wie Sie spätestens dann aus Aktien rausgehen müssen, wenn **Focus Money** sie empfiehlt, haben Vornamen ihre beste Zeit hinter sich, wenn die Verlage auf sie stoßen. Der Name mag Ihnen noch schön vorkommen, liegt dann aber bereits in seinen letzten Zügen.

An den Titeln der Magazine lässt sich auch schön erkennen, wie lange sie schon auf dem Markt sind. **Brigitte**, das Schlachtschiff des Gruner + Jahr-Verlags, ist unverkennbar das älteste Exemplar. Bereits 1954 erschien die erste Ausgabe des Magazins. **Petra** folgte in den sechziger Jahren. **Laura** und ▶ **Lea** hingegen entstammen deutlich erkennbar neueren Zeiten. Die Beliebtheit all dieser Blätter ist ungebrochen; geht eine **Marie Claire** ein, folgen mit **Grazia** und **Lisa** zwei neue.

Dabei ist es gar keine Erscheinung des 20. Jahrhunderts, dass Frauen in Frauenzeitungen blättern. Das erste Journal für Damen erschien schon 1693 in London, es hieß **The Ladies' Mercury**. In Deutschland brauchte es ein bisschen länger, erst Anfang des 18. Jahrhunderts wagte man zaghafte Schritte in die Richtung. Und dann brauchte es gut 80 Jahre, bis 1774 schließlich die erste wirkliche Vorgängerin von **Brigitte**, **Maxi**, **Tina** und **Laura** in den Handel kam.

Sie hieß **Iris**.

♀ PHILIPPINE

Weibliche Form von *Philipp*, der sich wiederum vom griechischen *philippos* ableitet, was «Pferdefreund» bedeutet; Philippine ist dementsprechend die Pferdefreundin (mehr zur Tierliebe bei ▸ **Katharina**). Die Endung *-ine* wurde im 18. Jahrhundert für Frauennamen sehr populär, viele der uns noch geläufigen Namen entstammen dieser Zeit. Die Philippinen hingegen wurden noch weit vor dem 18. Jahrhundert entdeckt, nämlich 1543, und der ihnen verliehene Name «Islas de Filipinas» bezog sich auf den spanischen Infanten Philipp II. Heutzutage lassen sich kaum noch Philippinen entdecken, der Name ist zu selten geworden.

♀ PIPPI

«Pippi ist kein Name und auch kein Getränk.» Diese Zeile stammt von Marius Müller-Westernhagen und ist mit an Sicherheit grenzender Wahrscheinlichkeit die einzige zutreffende im Westernhagen'schen Gesamtwerk. Das nur am Rande. Wahrscheinlich denken Eltern, die diesen Namen für ihre Tochter erwägen, weniger an Ausscheidungen als vielmehr an Astrid Lingrens Pippi Langstrumpf. Deren Name lautet aber offiziell anders, nämlich (neben anderen wie *Viktualia* und *Rollgardina*) *Pippilotta*. Das ginge dann auch okay.

♀ PRESTIGE

Möchten Sie Ihr Kind Prestige nennen? Sollten Sie nicht, weil Ihre Tochter den Wert, den sie für Sie hat, nicht darin bemessen sehen will, welches Ansehen (französisch *prestige*) Sie durch sie gewinnen. Aber dürfen tun Sie es. Bedanken Sie sich bei der Familie, die diesen Vornamen beim Oberlandesgericht Schleswig gegen das zuständige Standesamt durchbekommen hat. Dort hatte man zwei Einwände gehabt: Erstens, so wurde argumentiert, werde aus dem Namen das Geschlecht des Kindes nicht ersichtlich, zweitens sei durch die Parallele zum gleichnamigen Herrenkosmetikhersteller «Prestige» das Wohl des Kindes in Gefahr. Das Gericht aber gab dem Kläger recht: Die Zweit-, Dritt- und Viertnamen Carol-Lee-Ann wiesen eindeutig auf ein Mädchen hin; und was die Kosmetiklinie anging, würde man auch nicht «Billy» als Vornamen verbieten, nur weil eine Kondommarke so hieße. Die Rechtsstreitigkeiten zogen sich in die Länge, und als das Urteil schließlich gefällt war, hatten die Eltern sich umentschieden. Den umstrittenen Namen verbannten sie nach hinten zugunsten eines neuen Wunschkandidaten – desjenigen der japanischen Kaiserin *Michiko* («vernünftiges Kind») –, welchen sie an erste Stelle setzten. Und das Kind hieß anstatt *Prestige-Carol-Lee-Ann* fortan *Michiko-Carol-Lee-Ann-Prestige*. Ein Traum.

♀ PRISCILLA

Priscilla ist die Verkleinerungsform des aus dem Lateinischen stammenden Vornamens *Prisca*, was so viel wie «die Alte» bedeutet. Priscilla ist demnach «die kleine Alte». Abgesehen davon, dass sich passendere Umschreibungen für Ihr Töchterchen denken lassen, ist die kleine Alte ja auch schon Ihre Schwiegermutter.

♂ PRYDERI

Pryderi sieht aus wie baltisch für Prüderie, ist aber der Name eines mythischen Schatzsuchers aus der walisischen Sagenwelt, der auf der Jagd nach der berühmten Magischen Schale war. Diese war der Vorläufer zu Jesus und dem Heiligen Gral, auf den wiederum folgte bekanntermaßen Harry Potter und der Goldene Schnatz.

Die zehn skurrilsten vom Standesamt abgelehnten Vornamen

Auch wenn die deutschen Standesämter mittlerweile gefühlt jeden Quatsch als Vornamen durchgehen lassen – mit ein paar besonders bescheuerten Namenswünschen neurotischer Eltern tun sie sich glücklicherweise immer noch schwer. Hier eine kleine Sammlung der fehlgeschlagenen Versuche deutscher Erziehungsberechtigter, ihrem Nachwuchs die eigenen Hobbys *(Bierstübl)*, politischen Überzeugungen *(Atomfred)* oder verkitschten Gefühlsduseleien *(Rosenherz)* überzustülpen.

1. ♂ **Atomfred**
2. ♂ **Bierstübl**
3. ♀ **Kussbolde**
4. ♂ **Lucifer**
5. ♀ **Moewe**
6. ♀ **Pfefferminze**
7. ♀ **Rosenherz**
8. ♂ **Schmitz**
9. ♂ **Störenfried**
10. ♂ **Verleihnix**

♀ PUALANI

Das ist mal ein hübscher Name mit einer schönen Bedeutung. Aus Hawaii stammt dieses Prachtstück und bedeutet «himmlische Blume». Die Hawaiianer haben eine ganz reizende Sprache, weich und sanft gleitet sie dem Sprecher wie von selbst von der Zunge. Das sympathische Völkchen besitzt eines der kleinsten Alphabete der Welt, zwar mit allen fünf Vokalen, aber nur sieben Konsonanten. Sie haben all die unangenehmen Zisch-, Knack- und Krachlaute, die anderen Sprachen zu eigen sind (nicht zuletzt dem Deutschen), weggelassen und sich auf die netteren Mitlaute konzentriert. Das kommt dem Klangbild zugute, bedeutet aber, dass die Wörter länger werden, denn man hat ja nicht mehr so viel Auswahl. Kennen Sie zum Beispiel den *humuhumunukunukuapua'a*? Das ist ein Fisch, und zwar ein «Drückerfisch mit einer Schnauze wie ein Schwein». Im Fall von Pualani geht es längenmäßig ja noch – das Problem ist ein anderes: Die ganze «Himmlische Blume»-Story ist völlig unglaubwürdig. Sie ist zu schön, um wahr zu sein. Es ist viel wahrscheinlicher, dass da was nicht stimmt und die Hawaiianer aus Gründen der Tourismusförderung ein paar nette Geschichten rund um diese Namen in die restliche Welt gesetzt haben, wo wir es auch noch kaufen. Wahrscheinlich heißt Pualani nichts anderes als ▶ **Elke**. Oder, noch schlimmer, einfach überhaupt gar nichts.

♂ PUMUCKL

Der Fall Pumuckl schlug in den achtziger Jahren große Wellen, weil das zuständige Standesamt den Eltern ihren Namenswunsch verweigert hatte und diese ihn nach langem Rechtsstreit beim Oberlandesgericht Zweibrücken einklagten. So oder so zeugt der Name von Respekt, Wertschätzung, Zuneigung und Vertrauen der Eltern, und zwar in die Psychotherapeuten, die ihrem Kind das Selbstwertgefühl zurückgeben sollen, das es in all den Jahren übelsten Namenmobbings verloren hat.

♂ QUASIMODO

Quasimodo ist ein ausgefallener Name für das ganz besondere Kind. Eigentlich lautet der komplette Name *Quasimodogeniti*; das ist Latein, bedeutet übersetzt «wie die neugeborenen Kinder» und ist der kirchliche Name für den ersten Sonntag nach Ostern. Weil man das kleine Findelkind, das später Glöckner von Notre-Dame werden wird, an jenem Tag auf den Stufen der Kathedrale auffindet, bekommt es diesen Namen verliehen. Unglücklicherweise verbindet seitdem jeder Quasimodo mit einem missgestalteten, verwarzten und tauben Geschöpf anstatt mit einem großgewachsenen Polospieler (▸ **Cedric**), zu dem der Bub genauso heranwachsen könnte! Deswegen kommt der Name nicht in Frage.

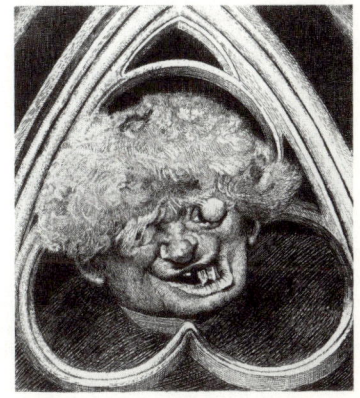

Quasimodo in einer hübschen Zeichnung des französischen Künstlers François Flameng (1856–1923). Zugegebenermaßen ist es überflüssig, den Namen ins Buch aufzunehmen, denn natürlich würden Sie Ihr Kind sowieso nicht so nennen. Aber es fehlte noch ein Name mit Q.

♂ QUINTUS

Quintus bedeutet «der Fünfte», schon richtig (da hat Ihr kleines Latinum Ihnen ja doch noch was gebracht). Aber er bezieht sich nicht auf den fünften Sohn, sondern auf das Kind, das im fünften Monat geboren wurde, was nach römischem Kalender aber nicht der Wonnemonat Mai, sondern unser März ist.[31] Und auf den bezieht sich hierzulande schon der Vorname Martin – dieser leitet sich ab von Mars, und der ist ursprünglich Kriegsgott und erst in zweiter Linie Schokoriegel. Wie war noch mal die Frage?

♂ QUISTEN

Quisten ist ein Name der keltischen Manx-Sprache. Die Inselbewohner (heißen auch Manx) scheinen ein gramvolles Völkchen gewesen zu sein. Man (die Insel, nicht *man*) wurde zwischen England und Irland aufgerieben, und im nasskalten Klima gediehen die Tomaten, Ananas und Dattelpalmen nur schlecht. Auch die Wikinger machten es sich hier gemütlich, und die waren nicht gerade für ihre Zimperlichkeit bekannt. So richtig schön hatten es die Insulaner eigentlich nie. Und so klingt Quisten zwar ganz schön, bedeutet aber «Besorgtheit». Die armen Manx.

---

31 Anmerkung des Lektors:
   Hier irrt der Autor. Der März ist im römischen Kalender der erste, nicht der fünfte Monat. Leider ließ sich Herr Wahl nicht zu einer Neufassung des Textes bewegen, er befand sich bereits im Urlaub.

Die zehn unaussprechlichsten keltischen Vornamen

Aus der keltischen Sprachfamilie ist das Schottische, Irische, Walisische und Bretonische hervorgegangen. Alle eint absolute Unaussprechlichkeit für Nichtkelten. Grund genug, die Finger davon zu lassen. Denn selbst wenn Sie nach einem erfolgreich absolvierten Volkshochschulkurs gelernt haben sollten, wie man diese wie von einem Moorkobold zusammengewürfelten Buchstabenkombinationen zu deuten hat, gilt das nicht für Ihre christlichen Mitbürger, die sich zu Recht fragen werden, warum man dieses Land im 5. Jahrhundert nicht gründlicher missioniert hat.

1. ♀ **Aouregwern** (bretonisch)
2. ♀ **Caoilfhionn** (irisch)
3. ♀ **Ceasg** (schottisch)
4. ♀ **Effrddyl** (walisisch)
5. ♀ **Luighseach** (irisch)
6. ♂ **Gwynllyw** (walisisch)
7. ♂ **Llwyd** (walisisch)
8. ♀ **Nárbfhlfhlaith** (irisch)
9. ♂ **Tadhg** (irisch)
10. ♂ **Uthr** (walisisch)

♀ RAHEL

Im Alten Testament ist Rahel (auch *Rachel*) die zweite Frau Jakobs. Der Name klingt nicht nur regelrecht tonsillitisch[32], sondern bedeutet recht prosaisch nichts anderes als «Mutterschaf». In der Bibel ist auch nicht immer alles nur toll.

♂ RALF

Der Vorname Ralf ist eine Zusammenziehung von *Radulf* (althochdeutsch *rat* = Rat + *wolf* = Wolf). Ralf zeichnet sich dadurch aus, dass er ein bisschen cooler ist als *Rolf*. Also alles in allem eher nicht so cool.

♂ RAMA

Vorname mit kulinarischen Anklängen, hinduistisch. Hare Rama Krishna, Sie wissen schon. Der mittlere der drei ist die siebte Inkarnation des Gottes Vishnu. Auf Sanskrit bedeutet *rama* «angenehm, wohltuend, gefällig». Bleibt zu ergänzen: streichzart. Aber wollen Sie einen Namen, der nach Margarine klingt, nehmen Sie besser einen europäischen (▸ **Fenella**).

♂ RAMON

▸ **Roman**

---

32 Tonsillitis = Mandelentzündung. Das musste auch der Autor nachschlagen.

Rama, siebte Inkarnation des Gottes Vishnu, macht einen überaus freundlichen Eindruck. Verheiratet (man beachte den Ehering) ist er mit Sita. Seine Gattin muss allerdings eine Menge Toleranz dafür aufbringen, dass ihr Mann sich schminkt wie ein Mädchen.

♀ RANDY

Randy ist nicht nur ein chantalistisches Prachtexemplar, sondern bedeutet (obwohl er die englische Koseform des Mädchennamens *Miranda* darstellt) in der Landessprache mittlerweile nichts anderes als «gimbrig, juckig, läufig», und nicht zu vergessen, «spitz wie Nachbars Lumpi».

♂ RANDY

Randy ist nicht nur eine kevinistische Meisterleistung, sondern bedeutet (obwohl er die englische Koseform des Jungennamens *Randolph* darstellt) in der Landessprache mittlerweile nichts anderes als «knatterig, scharf, lüstern, rallig», und last but not least, «notgeil».

♂ REFIK

Refik ist die türkische Version des arabischen *Rafik*, was «Begleiter des Islam» bedeutet. Das soll gegen keinen Propheten gehen, aber irgendwie klingt Refik doch ein bisschen nah dran an Sex mit Hirschen.

♀ REGINA

Schein und Sein: Regina kommt aus dem Lateinischen und bedeutet «Königin», doch der Name klingt in unseren Ohren längst deutsch, und seine Beliebtheit hat seit den fünfziger Jahren stark abgenommen. Im Gegensatz zu Regina, die stets ein paar Pfunde zu viel auf den Rippen hat. Trotz des dadurch gestiegenen Gesundheitsrisikos hat nun nach dem ersten auch ihr zweiter Ehemann vor ihr das Zeitliche gesegnet, und irgendwie kann man es den beiden nicht verdenken.

♀ RENESMEE

Dieses Buch hat Renesmee bereits im Programm, während die für die Neuauflagen der etablierten Namensführer zuständigen Redaktionen noch darüber diskutieren, wie sie den Namen featuren. Renesmee ist die Tochter von *Bella* und *Edward* Cullen, frischgetrautes Vampirpaar der *Twilight*-Tetralogie, die hierzulande unter dem Label «Bis(s) zum ...» firmiert. Die beiden Schnuckis nennen ihr Kind nach Bellas Mutter *Renée* und Edwards Adoptivmutter *Esme*, die sie zu einer Chimäre zusammenschmelzen. Das geht nicht ohne ästhetische Einbußen, und so ist Renesmee der albernste und verkorksteste Vorname seit *Nosferatu*. Davon unbenommen läuft Renesmee bei alle vorpubertären Mädchen natürlich wie geschnitten Brot. Hoffentlich lassen die sich noch etwas Zeit mit dem eigenen Kind.

Planen Sie, sich für Ihr Kind einen eigenen Babynamen auszudenken? Tja, dafür hätten Sie früher aufstehen müssen. Und zwar ein paar Jahrhunderte früher. Die Zeit ist vorbei, in der ein bisschen Phantasie und sprachliche Begabung ausreichten, um die Benennung der Kinder in die eigene Hand zu nehmen. Eine eigentlich absurde Situation. Denn wären frühere Generationen so restriktiv wie wir gewesen, hätten wir jetzt genau zwei Namen für unsere Kinder zur Auswahl, nämlich **Adam** und **Eva**.

In Deutschland gab es nach den Germanen, die aus dem Stand heraus genug Namen für zwei Weltkriege erfanden, die letzte große Neuschöpfungswelle zu Zeiten des Pietismus. Dies war eine religiöse Strömung des 17. und 18. Jahrhunderts, in deren Mittelpunkt die persönliche Bekehrung und die Umsetzung des Glaubens im täglichen Leben standen. Aus jener Zeit stammen einige immer noch bekannte oder sogar gebräuchliche Namen wie **Gottlieb** und **Traugott**. Diese Namen fielen nicht einfach vom Himmel (auch wenn sie so klingen), nein, man dachte sie sich aus.

Beileibe nicht alle dieser damaligen Neuschöpfungen haben es bis ins 21. Jahrhundert geschafft. Aus dem 1782 erschienenen **Versuch einiger Regeln bei der Benennung deutscher Kinder** des Botanikers Friedrich Ehrhart kennen wir unter anderem die Vorschläge **Thurecht**, **Fleißmann**, **Wahrmund**, **Tugendfreund**, **Biedermann**, **Reinherz**, **Sittenhold**, **Winterjung** und **Lasterfeind**. Das waren die Jungennamen. Für die Mädchen: **Freimännin**, **Keuschlebin**, **Stolzseindin**, **Sommertochter**, **Frühlingskind**, **Edelherzin**, **Tugendbraut**, **Gartenkind**, **Treumädchen** und **Gottholdin**.

Schöne Zeiten waren das. Sie sind vorbei. Aber sehen

Sie's positiv: Zu keinem Zeitpunkt konnten sich Eltern aus einem so großen Fundus an Vornamen bedienen wie Sie hier und heute. Da brauchen Sie einen selbst ausgedachten doch gar nicht mehr.

Wobei – eine letzte Möglichkeit haben Sie schon noch: Immer wieder geraten ungewöhnliche oder frei erfundene Namen in den allgemeinen Sprachschatz, die aus literarischen Werken stammen. In diesem Buch finden Sie einige Beispiele dafür (z. B. ▸ **Renesmee**, ▸ **Vanessa**). Ist Ihnen also im Traum ein Name eingefallen, den Sie Ihrem Kind gern geben würden (ob von der Fantasyliteratur abgeleitet **Lulamindia / Faengurthalin**, modern **iLeen** oder in pietistischer Tradition **Langleb / Vielgeld / Gutbums**), schreiben Sie einen Bestseller und kommen Sie ganz groß raus. Dann erst zeugen Sie das Kind.

♂ REX

Ein prototypischer Hundename. Eigentlich lateinisch «König», ist von der ursprünglichen Pracht nichts mehr übrig. Spätestens durch Rex Gildo ist dem Namen der letzte Rest von Herrlichkeit abhandengekommen. Ein Schicksal, das sich Rex mit seinem Schwesternnamen ▸ **Regina** teilt: Der Lack ist ab.

♀ RHOSHANDIATELLYNESHIAUNNEVESHENK

Das ist dem Guinnessbuch zufolge der längste durch eine Geburtsurkunde zertifizierte Vorname der Welt. Die Familie Williams, wohnhaft in Beaumont, Texas, schenkte ihn ihrer Tochter. Der Zweitname ist auch noch schön, aber kürzer, und lautet *Koyaanisquatsiuth*. Der ganze Sinn der Unternehmung lässt sich eh schon anzweifeln, aber wenn man weiter forscht und erfahren muss, dass die Eltern den ersten Vorna-

men ein paar Wochen später um 1036 Buchstaben ver-
längern wollten und den zweiten um 36, verliert die Idee
komplett an Charme. Ganz abgesehen von den praktischen
Gründen: Wenn Familie Williams ihre Tochter zum Mittagessen gerufen hat, ist es fast schon Zeit fürs Abendessen.

♀ RITA

Ende des 19. Jahrhunderts aus dem Italienischen übernommene Kurzform von *Margherita*, was wiederum die
spanische Variante von *Margarete* ist. Bei den Beatles in
«Lovely Rita» als Politesse besungen, was von unübertroffener Absurdität ist, weil jeder weiß, dass Rita ein Name für
Fleischereifachverkäuferinnen ist.

♂ ROMAN

Roman oder Ramon? Ramon oder Roman? Beides sehr
männlich, sicher. Der eine Name eher spanisch-heißblütig,
der andere eher russisch-dunkel. Dabei heißt Roman eigentlich nur «der Römer», mehr nicht. Trotzdem assoziieren
wir diesen Namen weniger mit italienischen Gigolos als
mit Herren östlicherer Gefilde. Das mag daran liegen, dass
gleich vier der frühen byzantinischen Kaiser *Romanos* hießen und diesen dann moldawische Fürsten und, später
noch, russische Oligarchen dieses Namens folgten. Mit Ramon verhält es sich anders, das heißt einfach nur *Rainer*.
Andere Unterscheidungsmerkmale: Die weibliche Form von
Ramon ist *Ramona* und bedeutet Rainerin, die von Roman
ist ein Salat.

♂ RONAN

Irischer Name, bedeutet «kleine Robbe». Gälisch *ron* ist
der Seehund, *-an* die Verkleinerungsform. Für ein Mädchen

wär das voll in Ordnung, für einen Jungen ist es eine Spur zu puschelig.

♀ ROSETTE

Hier haben wir ein gutes Beispiel für ein Homonym: Rosette ist einerseits die französische Koseform von *Rosa*. Andererseits ist Rosette die umgangssprachliche Bezeichnung für den menschlichen After. Also, da gibt es schönere Teekesselchen.

♂ ROY

Roy ist ein Jungenname keltischer Herkunft und geht zurück auf das gälische Wort für «rot», *ruadh*. Wir kennen den Namen in Deutschland hauptsächlich über Roy Black, der sich also nicht mit «König der Schwarzen» (das ist Roberto Blanco), sondern mit «Rot Schwarz» übersetzen lässt.

♂ RUBEN

Ruben ist ein wunderbares Beispiel für sprechende Namen, denn er bedeutet aus dem Hebräischen «Seht den Sohn!». Und tatsächlich will ein Ruben hergezeigt werden. Ruben ist ein Name für Arztsöhne, kleine verwöhnte Bengel in Hollister-Pullovern. Der Vater ist häufig abwesend, die entfremdete Mutter neigt zum Alkoholismus. Leider kann Ruben ihr auch nicht weiterhelfen, er ist grad mit seiner Clique unterwegs, Obdachlose vermöbeln.

Google Safe Search «moderat» (empfohlen): ein Bild der Rosette
Unserer Lieben Frau von Paris bzw. Notre-Dame de Paris.

♀ SABINE

«Alle Kinder fahren Eisenbahn, nur nicht Sabine, die liegt auf der Schiene.» Kinder können grausam sein, und zu Sabines sind sie's. Der Rest ist auch nicht besser: Der Name ist nämlich ursprünglich römisch und bedeutet «aus dem Stamm der Sabiner». Deren Frauen raubten die Römer wegen eigenen Frauenmangels. Nicht so schön. Ach, und: Sabine galt als Schutzpatronin gegen Blutfluss. Das muss doch besser gehen!

Sabine Baring-Gould (1834–1924), englischer Priester und Sammler von Volksliedern, war okkultistisch interessiert und ist uns nicht nur als Verfasser eines Buchs über Werwölfe in Erinnerung geblieben, sondern auch als ein Mann namens Sabine.

♀ SABRINA

Traurige Geschichte: Sabrina war einst die sagenumwobene Nymphe des Flusses Severn in England. Jahrhundertelang auf Tauchstation, trat sie Ende des letzten Jahrtausends ans Licht der Öffentlichkeit und begann bei dessen dämmerndem Schwinden als Sabrina S. eine Affäre mit einem deutschen Ex-Tennisstar. Dementsprechend kläglich ist die derzeitige Reputation des Namens. Heutige Sabrinas haben mit dem namensgebenden Wasserwesen nicht mehr viel am Hut und wissen in den meisten Fällen auch nicht, was eine Nümpfe überhaupt ist.

♀ SALOME

Hebräisch für «die Friedliche». Welch ein Euphemismus! Die historische Salome war ja eher unbeherrscht und grausam. Tanzen allerdings konnte sie gut; da müssen sich also die Eltern entscheiden, welches Charaktermerkmal sie vorziehen.

♀ SANDRA

Sandras sind häufig frohgemute, arglose Mädchen, anders gesagt, doof bis in die gehighlighteten Haarspitzen. Niemand will irgendwelche Schreckensbilder an die Wand malen, aber in ihrer spaßorientierten Unbedarftheit sind die allermeisten Sandras absolutes Freiwild für die Jungs. Dass der Name in Ableitung von ▶ **Alexander** «die Männerabwehrende» heißt, nutzt da auch nicht mehr viel.

♀ SCHWANETTE

Einer der schönsten Fehlschläge! Im Gegensatz zu *Ponnie* und *Pferdhilde* existiert dieser Name tatsächlich. In der Form ist er relativ neu, doch Namensbildungen mit *Schwan/Svan*

Salome auf dem gleichnamigen Bild des deutschen Malers Lovis Corinth (1858–1925). Die Übersetzung als «die Friedliche» ist historisch nicht ohne Ironie. Johannes der Täufer hingegen war tatsächlich friedlich, da hätte sich Salome eine Scheibe von abschneiden können, was sie dann ja auch getan hat, und zwar direkt den ganzen Kopf.

sind seit den Germanen üblich, denen der Schwan als Schicksalsvogel galt (der Name *Svantje* ist bis heute gängig). Man glaubt heutzutage nicht mehr so recht an das Schicksal, doch das eines Mädchens namens *Schwanette* ist zweifelsfrei besiegelt.

♂ **SELMAR**

Selmar klingt wie ein Name aus dem türkischen Raum, hat aber eine völlig andere Etymologie: Der schottische Schriftsteller James McPherson (1736–1796) war mit seinen Gedichten relativ erfolglos, bis er auf die geniale Idee kam, seine in Wahrheit selbstgeschriebenen Texte als Aufzeichnungen und Übersetzungen uralter gälischer Epen zu verkaufen. Mit diesen hatte er als vorgeblicher Herausgeber in ganz Europa einen wahnsinnigen Erfolg, der erst von Frank Farians *Milli Vanilli* übertroffen werden konnte. McPherson dachte sich nicht nur Gedichte, sondern auch Orts- und Personennamen aus, die vom enthusiastischen Publikum direkt aufgegriffen wurden. *Malwine* und *Oskar* gehören dazu, und ebenso *Selma*. Auch der deutsche Dichter Friedrich Gottlieb Klopstock (1724–1803) war begeistert und bildete zu Selma nach dem Vorbild alter deutscher Namen mit dem Bestandteil *-mar* («angesehen / berühmt», wie in *Dietmar, Volkmar*) ein männliches Pendant: Selmar. Ist dies nicht eine spannende Geschichte? Leider wird Klein Selmar die Muße fehlen, jedem neu zu erklären, woher sein blöder Name kommt. So schade es ist: Dann wohl doch lieber *Stefan*.

♀ SHAKIRA

Im Gegensatz zur hüftschwingenden kolumbianischen Singschlampe Shakira (arabisch: *schakir* = dankbar), die ihren Eltern Ruhm und Wohlstand bis zum Abwinken erknödelt hat, bleibt das deutsche Exemplar weit hinter den Erwartungen der gewissensbefreiten Eltern zurück. Die Sechs in Mathe wäre noch zu ertragen, wäre Klein Shakira wenigstens dazu in der Lage, bei den Kreisligameisterschaften im Turniertanz Rumba und Zumba auseinanderzuhalten.

♂ SHPEND

«Hey, big Shpender! Shpend a little time with me!» erschallt es vor unserem inneren Ohr, aber Achtung! Shpend ist vom Hollywoodmusical so weit entfernt wie Til Schweiger vom Oscar, denn der Name ist albanisch und deswegen

über jeden Verdacht erhaben. Es war nicht einfach herauszufinden, was er bedeutet; die Quellen waren widersprüchlich,
und Albanien ist ein karges und geheimnisvolles Land. Am
plausibelsten erscheint die Übertragung «Adler», die immerhin zwei von drei befragten Lexika vorschlugen. Das dritte
übersetzte «Geflügel». Gemein!

♀ SIBYLLE

Sibylle ist das Libyen der deutschen Vornamen. Niemand
weiß, wo das *i* und wo das *y* hinkommt. So wie die Deutschen Lübien sagen, sagen sie auch Sübille. Im Gegensatz zur
Schreibung des nordafrikanischen Staats machen die Behör-
den beim Mädchennamen aber Kompromisse: Hier darf jeder
die Vokale nach Gusto setzen. Ob Sibylle oder Sybille – alles
darf, nichts muss. Das ist ziemlich unbegreiflich und gehört
angeprangert. Solange das *y*/*i*-Problem nicht gelöst ist, wei-
chen Sie bitte aus auf ▸ **Zümrüt**.

♀ SIEGLINDE

Sieglinde ist ein Name, den jeder Mensch, der schon mal
einen Supermarkt betreten hat, mit einer Kartoffelsorte verbinden wird. Sie können noch hundertmal mit Wagner an-
kommen und der Walküre, und mit der Bedeutung (althochdeutsch *sigu* = Sieg + *linta* = Linde / Schild aus Lindenholz)
gerne auch. Nur weil *Cilena* kein Vorname ist und *Bamberger
Hörnchen* auch nicht, dürfen Sie nicht einen solchen Fehler
begehen. Schreiben Sie es sich hinter die Ohren oder wahlweise auf den Einkaufszettel: Sieglinde ist eine Kartoffel.

Sibyllen waren ursprünglich antike Prophetinnen (hier in einer Darstellung aus dem 15. Jahrhundert) und sagten die Zukunft im Unterschied zur gängigen Praxis unaufgefordert voraus. Ihre Weissagungen formulierten sie auf doppeldeutige Weise, was unter Propheten aus Nachhaltigkeitsgründen bis heute so üblich ist. Die antiken Sibyllen hielten sich glücklicherweise nicht auf öffentlichen Flächen wie Marktplätzen und Fußgängerzonen auf, sondern hausten in Grotten, was Menschen, die keine Lust auf unaufgefordertes Prophezeien hatten, erheblich entgegenkam.

♀ SIRI

Norwegische Variante von *Sigrid* (altnordisch *sigr* = Sieg + *friðr* = schön). Mit diesem Namen gerät Ihre Tochter in einen Konflikt mit allen iPhone-Nutzern. Das Kommunikationssystem dieses Wundertelefons hört auf den Namen Siri; und wenn Apple nicht dazu übergeht, bei jedem Update eine andere Frau ans virtuelle Steuer zu lassen, wird Ihre Siri sich auf Lebenszeit wie der Avatar eines besseren Navigationssystems vorkommen.

♀ SOLANGE

Solange was?, fragt sich der Leser, und recht hat er! Denn er stutzt aus gutem Grund: Solange ist ein französischer Name (Variante von *Solemnia*, zu lateinisch [alljährlich] gefeiert / festlich) und kann einem deutschen Kind nur zum

Wer bei schlechtem Handy-Empfang einen Namen buchstabieren will, wählt häufig ein Hilfsmittel, das es in Deutschland seit 1903 gibt: die Buchstabiertafel, auch genannt Telefonalphabet.[33] Durch die heutige verbesserte Übertragungstechnik sind die von der DIN 5009 festgehaltenen Standardwörter weniger notwendig geworden und etwas in Vergessenheit geraten, nichtsdestotrotz übersetzen die meisten von uns das N immer noch mit Nordpol und das S mit Siegfried, um nur zwei Beispiele zu nennen.

Dabei lauteten die jeweiligen Wörter Anfang des 20. Jahrhunderts teilweise noch ganz anders: 1903 sagte man N wie Nathan und S wie Samuel, D wie David, J wie Jakob und Z wie Zacharias. Sie ahnen, worauf es hinausläuft: Das konnte nicht lange so bleiben. Die Existenz von als undeutsch empfundenen Namen im deutschen Telefonalphabet stieß 30 Jahre später einem gewissen Joh. Schliemann so sehr auf, dass er das Postamt Rostock am 22. März 1933 in einem Schreiben dazu aufforderte, die deutsche Buchstabiertabelle «in Anbetracht des nationalen Umschwungs» von den jüdischen Namen zu bereinigen.

Obwohl vonseiten der Postdirektion Rostock argumentiert wurde, dass es sich bei den beanstandeten Namen um Männer des Alten Testaments handele, die auch von angesehenen Christen getragen würden, fiel Schliemanns Vorschlag bei der zuständigen Berliner Stelle auf fruchtbaren Boden.

---

33 Auch *vor* 1903 versuchte man, das Buchstabierproblem zu lösen, allerdings mit einer sehr viel schlechteren Technik: Man ordnete jedem Buchstaben seine Zahl im Alphabet zu und schlüsselte beispielsweise Meyer als dreizehn-fünf-fünfundzwanzig-fünf-achtzehn auf.

Schon ein Jahr später verwendete das Telefonbuch von 1934 die aktualisierte Tabelle.

Glücklicherweise ging das, wie allgemein bekannt, nicht lange gut. Es verschwand mit dem Untergang des Dritten Reichs auch die rein deutsche Buchstabiertabelle. 1948 wurde auch das Telefonalphabet offiziell entnazifiziert, jedenfalls teilweise. Genau gesagt, nur bei zwei Buchstaben. Zum einen wurde das Z vom Zeppelin wieder zum Zacharias.

Zum anderen war es das S. Auch dieser Buchstabe wurde wieder aufs Original zurückgeführt und lautet der DIN 5009 zufolge wie früher Samuel. Doch das kriegt das telefonierende Volk anscheinend nicht mit oder will es nicht mitkriegen. Und so buchstabieren die allermeisten von uns 80 Jahre nach dessen erstmaliger Einführung und gute 65 nach seiner Abschaffung immer noch in Nazi-Sprech. Wir haben unseren Siegfried einfach zu gern.

Nachteil gereichen. Es muss hier schon fast zu Verwechslungen kommen! Andere Kinder heißen auch nicht nach Temporaladverbien, und so soll es auch bleiben. Entscheiden Sie sich trotzdem für Solange, sollten Sie Ihrer Tochter jedenfalls einen Zweitnamen mit auf den Weg geben, den sie dann stattdessen tragen kann. Solange Solange das will.

♀ SOLEDAD

Soledad ist ein spanischer Mädchenname und bedeutet wörtlich «Einsamkeit». Die Spanier muten vor allem ihren Töchtern namenstechnisch einiges zu (▶ **Dolores**), und immer hat es mit der Jungfrau Maria zu tun. In diesem Fall geht es um deren Einsamkeit nach Jesu Tod. Schön und gut, aber wird ein Kind mit diesem Namen nicht ein bisschen zu sehr in Mithaftung genommen? Für die Jungfrau, die Ursünde, das Leben und den ganzen Rest? Will man sich als ausgesprochen christlich beweisen, kann man das auch anders machen, zum Beispiel nach Santiago de Compostela pilgern. Und das ist ja gerade für Spanier eine bequeme Option, inzwischen hat es dort auch einen sehr modernen Bahnhof mit guter Anbindung an den öffentlichen Personennahverkehr.

♀ SOZIALINDE

Es gibt verschiedene Untersuchungen zu den Auswirkungen der deutsch-deutschen Teilung auf die Vornamensstatistiken; sie sind alle langweilig. Die allermeisten Namen wurden in Ost und West in ähnlicher Häufigkeit verwendet. Sozialinde ist eine der wenigen Ausnahmen – dies ist ein Vorname, der in den sechziger Jahren aufkam (es aber zugegebenermaßen nie zu großer Beliebtheit gebracht hat). Inspirierend mag die Neigung der Sowjets gewesen sein, ihre kommunistischen Ideale und Errungenschaften in Namen wie *Traktorina* und *Elektrina* abzubilden. Auch die großen Führergestalten dienten in Vornamen wie *Wladlen* als Paten (Wladimir Iljitsch Lenin). Da es in Ost- wie West-Deutschland nie zu einer solchen Praxis und damit Namen wie *Wilbrand* oder *Helmkohl* kam, sind wir von den seltsamsten Auswüchsen politischer Namensbildung verschont geblieben und freuen uns mit leichtem Grusel an Sozialinde.

♀ STASI

Stasi ist die nicht erst mit dem Zusammenbruch der DDR aus der Mode gekommene Kurzform des klassischen Namens *Anastasia* (griechisch *anástasis* = Auferstehung). Stasi war in den zehner Jahren des 20. Jahrhunderts gar nicht mal so unbeliebt – was man sich heutzutage kaum vorstellen kann. So trug eine der Gräfinnen in der beliebten Operette *Die Csár-dásfürstin* diesen Namen. Sie war übrigens nicht die Einzige, die seltsam hieß. Der Name eines befreundeten Grafen lautet *Bonifaziu*, genannt *Boni*. Nach einigen Verwicklungen heiraten die beiden. Sie staunen zu Recht: Etwas läuft ganz gehörig schief in Deutschland, wenn die Stasi Boni bekommt.

♂ STURMI

Sturmi ist der albernste Name, der sich in drei Jahren Recherche finden ließ. Die Kombination aus Kraftmeierei (althochdeutsch *sturm* = Kampf / Aufruhr) und Verniedlichungs-i ist weltweit einzigartig. Sie haben Ihre Zweifel an der Authentizität des Namens? Brauchen Sie nicht, Sturmi ist ein echter Vorname, er steht nachweislich im Diddeli-Daddeli-Duden.

♀ SUNNYBELLE

Sunnybelle ist der Name, der dem Autor in Hintergrundgesprächen mit Hebammen als übelster tatsächlich vergebener Mädchenname genannt wurde. Im vorliegenden Fall war er der Erstname der preisverdächtigen Kombination *Sunnybelle Danula*. Unsere Kinder werden uns später fragen, wie wir das zulassen konnten und warum wir nie etwas gesagt haben. Wir werden ihnen keine Antwort geben können, speziell, wenn sie Sunnybelle Danula heißen.

♀ TAMARA

Tamara ist einer dieser Namen, die einige Sprachen für sich reklamieren. Und überall bedeutet er etwas anderes Schönes! Im Aramäischen zum Beispiel «Dattelpalme»![34] Im Althebräischen wird es richtiggehend universell: «Das Leben» bedeutet es dort. Auf Ägyptisch: «Die das Land liebt.» Das ist alles so poetisch, wir sind ganz begeistert. Im Deutschen gibt es keine wörtliche Übersetzung, aber bedeuten tut Tamara auch etwas, und zwar: Ich bin eine zierliche Brünette und teile meine sexuelle Erfahrung gerne gegen Geld oder eine Cola light. Also, Eltern: Finger weg von dem Namen!

♀ TAMILA

Ein Name der ganz üblen Sorte. Tamila klingt recht hübsch, aber leitet sich über die Hauptform *Tomila* vom russischen *tomiti* ab, was «quälen / martern» bedeutet. Der Name ist recht selten geworden, das ist nur zu begrüßen.

♂ TAMINO

Allerschlimmstes Bildungsbürgertum. Tamino ist der besserwisserische Prinz aus Mozarts Zauberflöte, eine zutiefst unsympathische Figur. In seiner selbstzufriedenen Oberschlauheit sozusagen die Micky Maus des Musiktheaters. Wer seinen Sohn Tamino nennt, hält den Rest der

---

34 Wer wünscht sich nicht eine solche Frau? Oben buschig, unten dick.

170

Menschheit für untertan. Das Kind wird allerdings gut daran tun, die verschiedenen Erwartungen der Eltern (Flötespielen, Drachentöten, Rumkommandieren) zu erfüllen, sonst werden sie sehr enttäuscht sein, dass ihre Investitionen sich nicht ausgezahlt haben.

♀ TANJA

Russisch, Koseform von *Tatjana*. Mauerblümchenname par excellence. So nichtssagend, da will überhaupt niemand wissen, woher der kommt. Tanjas führen ein Schattendasein. Stille Wasser sind tief, sagt man ja, aber halt auch sehr langweilig. Und überhaupt, was soll da eigentlich sein, in der Tiefe des Wassers, wenn man die Metapher mal wirklich auf Herz und Nieren prüfen will? Nichts! Schlamm. Steine. Schlick. Darum liegen Leichen ja gemeinhin im Keller, denn lägen sie im Wasser, würden sie schwimmen. Und deswegen haben stille Wasser auch keine Leichen im Tiefen, sondern allerhöchstens alte Stiefel. Man kann natürlich sagen: Da hab ich als Tochter lieber so eine ereignislose Süßwassernull als irgendeinen Wildbach, der mir eventuell bei Hochwasser meine Auslegeware ruiniert. Das ist verständlich, und deswegen ist Ihnen das mit Tanja auch komplett selbst überlassen.

♂ TARO

Taro ist japanisch, setzt sich zusammen aus *ta* = «dick» und *ro* = «junger Mann» und ist deswegen ein guter Name für Sumokämpfer. Alle anderen jungen Männer werden nicht «kleiner Fettsack» heißen wollen.

♂ THADDÄUS

Thaddäus ist ein aus dem Griechischen stammender, zunehmend beliebter werdender männlicher Vorname unbekannter Bedeutung, der statistisch erwiesen bevorzugt von alleinerziehenden Müttern gewählt wird.[35] Kinder namens Thaddäus gehen mit ihren Mamas im Biomarkt einkaufen, tragen farbige Nickelbrillen, haben immer Mittelohrentzündung und dürfen nie schwimmen gehen – wegen der Keime.

♂ THORBEN

Skandinaviensehnsucht meets Konfirmandenfreizeit. Der Name kommt aus dem hohen Norden und lässt sich imposanterweise von der germanischen Obergottheit *Thor* und von *Björn*, was «Bär» bedeutet, ableiten. Ganz schöne Hypothek. Da erwartet der Vater einen ganzen Kerl, und wer kommt stattdessen, gehänselt von den Klassenkameraden, zum Mittagessen durch die Tür geschlichen? Ein schmächtiger Hänfling ohne Freundin und mit Berufswunsch Informationstechniker. Eine Alternative wär *Niels*. Auch schlimm, aber ohne die Fallhöhe.

♀ THUSNELDA

Hätte es sich im Jahre 15 n. Chr. die Frau des mächtigen Cheruskerfürsten Arminius träumen lassen, dass ihr Vorname zweitausend Jahre später zum abfälligen Synonym für oberflächliche Dummchen mutiert sein würde? Thusnelda hat großes Pech gehabt: An der Seite ihres Mannes gebot sie über ein Reich, das in etwa dem heutigen Westfalen ent-

---

35 Die Untersuchung liegt dem Autor vor, kann aber bedauerlicherweise nicht eingesehen werden.

spricht,[36] doch als Heinrich von Kleist 1808 sein Drama *Die Hermannsschlacht* schrieb, war ihr Ende besiegelt: Das Stück wurde zur Schullektüre mehrerer Generationen und die darin auftretende Thusnelda zum Synonym für nervige Frauen. Bis aus der altehrwürdigen Thusnelda die «Tussi» wurde, war es dann nur noch eine Frage der Zeit.

❗ TOM-TOM IST KEIN NAME

Bevor Sie sich fragen, wie man auf die Idee kommen kann, seinen Sohn auf den Namen eines Navigationsgeräts zu taufen, ist festzuhalten, dass sich der betreffende Hersteller nach einer Trommel benannt hat. Das oder die Tom-Tom ist nämlich zuallererst ein Musikinstrument und erst danach eine jener kleinen Maschinen, die unseren Restgehirnen so erfolgreich die Orientierungsarbeit abnehmen, dass wir froh sein können, wenn wir zu Hause ohne technische Hilfe den Weg ins Badezimmer finden. Wie auch immer: Ob Tomtom, Tom-Tom oder Tom Tom, ob Kleincomputer oder Schlaggerät, um einen Vornamen handelt es sich in keinem Fall.

Welcher Teufel die Eltern des unseligen Kindes geritten hat, das diesen Namen erhalten sollte (und dessen schließlich genehmigter leider unbekannt ist), wird sich nicht herausfinden lassen. Alles, was wir tun können, ist, dem zuständigen Amtsgericht Bremen auf Knien dafür zu danken, dass es der elterlichen Profilneurose Einhalt geboten hat. Und das relativ deutlich: Für «absolut sinnlos» hielten es die Würdenträger, einem Kind zweimal den gleichen Vornamen zu geben.

Diesen gesunden Menschenverstand bewiesen in den letzten Jahren leider Gottes nicht alle deutschen Richter. Den

---

36 Zugegeben, so beeindruckend ist das nicht.

Klagen enttäuschter Eltern wurde häufig verständnisvoll entgegengekommen, und diese überaus laxe Haltung bescherte uns Vornamen wie Leines[37], Speedy und Jazz, Birkenfeld, Sundance, Biene und Sonne – allesamt bemitleidenswerte Ausgeburten verwirrter Geister, hippieske Nachgeburten mindestens die letzten drei.

Für besonders viel mediales Aufsehen sorgte der Fall des Mädchens Emelie-Extra. Der Name klingt zwar wie eine Discounter-Marmelade, der Vater hatte sich aber als Kunstflieger mit Extra auf ein gleichnamiges Flugzeugmodell beziehen wollen und mit Emelie auf die Kühlerfigur von Rolls-Royce (dass besagte Kühlerfigur nicht Emelie, sondern Emily[38] heißt, übersah man gerne).

Das war aber nicht Gegenstand der Verhandlung. Dem Gericht ging es vielmehr um die Frage, ob Eltern auch dann das Recht zur freien Namensfindung haben, wenn der gewünschte Name Gefahr läuft, das Kind lächerlich zu machen. Noch das Amtsgericht Itzehoe war der Überzeugung, dass Extra «dem gängigen Sprachverständnis [nach] der Hervorhebung von Sachen, insb. auch Markenartikeln diene», er sei «aus diesem Grund auch geeignet, die Trägerin eines solchen Namens lächerlich zu machen». Man wies die Klage also zurück.

Die Eltern zogen vors Oberlandesgericht in Hamburg. Dort gab man ihnen recht: Extra allein hätte man nach Eigenauskunft zwar auch verboten, in Kombination mit Emelie sei der Name aber in Ordnung; er sei nämlich nicht einzig Steil-

---

37 Leines von Linus, wie Dschastin von Justin
38 Und auch das stimmt nicht. Der Name der Figur lautet in Wahrheit «Spirit of Ecstasy», und Modell stand weder Emily noch Emelie, sondern eine Eleanor.

vorlage für Hänseleien und Spott, sondern könne aufgrund seiner Bedeutung «zugleich als Auszeichnung und Ansporn» verstanden werden. Die Eltern hatten somit ihre Extra-Wurst und werden sich an ihr noch lange erfreuen können.

Ja, die Welt ist sehr voll geworden, und nicht jeder bekommt seine von Warhol versprochenen 15 Minuten Ruhm ohne weiteres. Da möchte ein Vater unbedingt auffallen, und wenn das Geld nicht reicht für einen Sprung aus der Stratosphäre oder die Unterbodenbeleuchtung am Fiesta, dann kann er schon mal auf die Idee kommen, sein Geltungsbedürfnis über den Namen seines Kindes zu realisieren. Denn auf diese Weise gelangen junge Männer auch in die Zeitung, und seien wir ehrlich: Besser, als wenn sie in pakistanische Trainingscamps verschwinden.

♂ TOD

Dieser englische Name stammt ab vom mittelenglischen *Todde*, was «Fuchs» bedeutet. Tod mag in anderen Ländern okay sein, in Deutschland sind Anmutung und Wirkung weniger schön bis letal.

♀ TRIX

Kurzform von *Beatrix*, die eine lateinische Bildung zu *beatus* = «glücklich» ist, also in etwa «die Glücklichmachende» bedeutet. Trix hingegen bedeutet gar nichts mehr, weil der Wortstamm rücksichtslos weggeknipst wurde. Der Name klingt sowieso ein bisschen zu burschikos für ein Mädchen. Vermutlich haben sich die Eltern eigentlich einen Jungen gewünscht. Ja, Rainer heißt jetzt Trix, sonst ändert sich nix.

Tod als Schnitter auf einer Tarotkarte. Wenn er Sie besuchen kommt, ist Vorsicht geboten. Es könnte sich natürlich auch um einen sehr dünnen Bauern handeln, aber wenn nicht, ist Sense.

♂ TYRON

Ein Paradebeispiel eines Assi-Namens. Besonders wirkungsvoll in Doppelkombis wie *Tyron Maddox*, besticht der Name auch alleinstehend durch seinen ausgeprägten Hang zur Geschmacklosigkeit. Ursprünglich altirisch für «der Glücksbringer», wird er schon bald gesamtdeutsch für «der Bildungsferne» stehen.

♂ U

Der kürzeste echte Vorname der Welt (der längste ist
▶ **Rhoshandiatellyneshiaunneveshenk**). Sithu U Thant war in
den sechziger Jahren Generalsekretär der Vereinten Natio-
nen. Da er aber nicht U ausgesprochen wird, sondern Uh, ist
der ganze Spaß dahin.

♂ UDARADSCH

Udaradsch ist ein indischer Name. Auf Sanskrit bedeutet
er «König des Meeres». Das ist theoretisch auf poetische
Weise prachtvoll. Man kann sich nur nicht ganz sicher sein,
ob die Botschaft auch praktisch so rüberkommt. Der Sohn
mag König der Meere sein, aber die Eltern waren sauerstoff-
technisch ein bisschen zu lang unter Wasser.

♀ UDONIE

Weibliche Ableitung von *Udo* (Kurzform von Namen, die
mit althochdeutsch *uodal* = Erbgut / Heimat gebildet sind).
Das Original ist vielleicht ein bisschen schlicht, aber ein
in sich stimmiger und ehrlicher Name. Udonie hingegen ist
ein grausam fehlgeschlagenes Experiment. Es gibt Namen,
deren Geschlecht man nicht angleichen *darf*. Udonie ist an
Geschmacklosigkeit wirklich nicht mehr zu überbieten, er ist
das onomastische Äquivalent zu Pizza Banane.

♀ ULLA

Ulla ist die Kurzform von *Ulrike* (▶ **Ulrich**). Oft ist Ulla eine sinnliche und lustbetonte Frau, wozu auch die Freude am guten Essen gehört. Eine solche Ulla trägt weite Kleidung und bunte Tücher, um die Problemzonen ihres an Problemzonen reichen Körpers zu kaschieren. Immer wieder gibt sie sich Tagträumen von einem Urlaub in Afrika hin, in denen sie seidenschalbehangen mit ihrem kenianischen Beachboy Hand in Hand durch das kristallklare Wasser paradiesischer Lagunen watet. Da echte Ullas bestenfalls Namenspaten für Boutiquen für Frauen mit Übergröße werden, ist in der Realität mit diesem Namen nicht viel anzufangen.

❗ ASTROLOGIE – SPAM-MAIL VOM UNIVERSUM

Viele Menschen holen sich bei der Suche nach einem passenden Vornamen für ihr Kind Rat bei der Astrologie. Was ist davon zu halten ? Eine mögliche Antwort stammt vom französischen Aufklärer Voltaire (1694–1778). Der schrieb einst: «Aberglaube ist der Religion das, was Astrologie der Astronomie ist – die verrückte Tochter einer weisen Mutter.» Ist natürlich ein bisschen negativ und nichts für Sterndeuter-Fans.

Deswegen direkt ein zweiter Aphorismus hinterher: «Ein ungedeutetes Horoskop ist wie ein ungelesener Brief.» So C. G. Jung (1875–1961), Schweizer Psychiater und Begründer der analytischen Psychologie. Das klingt doch gleich viel positiver. Andererseits: Ein ungelesener Brief, das könnte ja auch Post vom Finanzamt sein[39] oder eine E-Mail eines nigerianischen Konsuls a. D., der im Südsudan einen Goldschatz

---

39 Vielleicht eine Steuerrückzahlung, wahrscheinlich aber nicht.

vergraben und in Ihnen endlich eine vertrauenswürdige Kontaktperson gefunden hat.

Horoskope mögen Briefe sein, aber dann sind sie Spam-Mail vom Universum. So wie die einen an Brustvergrößerungscremes glauben, glauben die anderen an die Macht der Sterne. Und versuchen, diese zu verstehen und zu nutzen, um den Vornamen ihres Kindes auszuwählen und damit dessen Schicksal zu beeinflussen.

Aber wie macht man das jetzt? Soll man sich nach Sternen nennen? **Sirius** wär ja noch okay, aber **Pluto**? **Beteigeuze**? **Quasar SDSS J0013**? Nein, so einfach darf man sich das nicht vorstellen. Es gibt auch keine Tabellen, nach denen Sie sich richten können. Wär ja auch zu schön: **Chris** – «Glück in der Liebe»; **Georg** – «eine Beförderung winkt»; **Arne** – «Sie sterben einen qualvollen Tod in einem bulgarischen Fitnessstudio».

Die sich nach astrologischen Kriterien richtenden Vorgehensweisen sind leider wesentlich komplexer. Derart komplex, dass der Autor sie hier nicht ausbreiten kann.[40] Eine auch für Laien attraktive Alternative könnte sein, sich dem Tarotspiel zu widmen. Man erlangt hier schnell erste Erfolge. Achten Sie nur immer darauf, im Fall unangenehmer Ergebnisse die Karten relativ zügig neu zu mischen.

Am sinnvollsten ist es aber wahrscheinlich, eine astrologische Beratung anzurufen. Gerne die der einschlägigen Teleshopping-Kanäle. Dort erhalten Sie nämlich nicht nur Bausätze für maßstabsgetreue Modelle deutscher Kriegsschiffe, selbsttätig soufflébackende Küchenmaschinen und hundertteilige CD-Kollektionen, mit deren Musik sonst nordkoreanische Dissidenten akustisch gewaterboarded werden; Sie be-

---

40 Er hat sie auch gar nicht verstanden.

kommen bei diesen Sendern auch fundierte astrologische Beratung. Für 3,69 Euro die Minute wird man Ihnen gerne weiterhelfen; die dortigen Mitarbeiter sind sicherlich voll qualifizierte Fachkräfte mit abgeschlossenem Studium der Astronomie.

Sollten Sie, während Sie in der Warteschleife hängen, trotz alledem nicht mehr ganz sicher sein, ob Sie das Richtige tun, dann halten Sie sich an Arthur C. Clarke (1917–2008). Der Brite, Autor vieler wunderbarer Science-Fiction-Geschichten, schrieb einst: «Ich glaube nicht an Astrologie; ich bin Schütze, und wir sind skeptisch.»

♂ ULRICH

Ulrich ist ein alter deutscher Name und leitet sich ab von althochdeutsch *uodal* = «Heimat» und *rihhi* = «Herrschaft». Es ist ein passender Name für evangelische Kirchenmusikstudenten mit Sehschwäche, und vermutlich auch Sexschwäche.

♀ UMMA

Jetzt kommt's dicke: Einer der populärsten deutschen Vornamens-Websites zufolge war Umma einer der beliebtesten mit U beginnenden Mädchennamen 2011! Noch nie hat es ein derart krötenhafter Name zu so großer Beliebtheit gebracht. Unbegreiflich. Da wird die verdrießliche Unsportlichkeit dem Kind doch direkt mit in die Waage gelegt! Auf sehr interkulturelle Weise allerdings, ist doch Umma nicht nur ein ostfriesischer Name, sondern gleichzeitig die Glaubensgemeinschaft der Muslime. Beides wird in Bayern nicht viel nutzen: «Kummts umma hiaz!», brüllt der Opa seine Enkel an, denn Umma bedeutet eigentlich nur so was wie «herüber». Da wird sich Umma aber sputen müssen, die kleine Unke.

Auf den heiligen Ulrich, Bischof von Augsburg, der 955 die Ungarn zu-
rückschlug, lässt sich die Beliebtheit des Namens im Mittelalter zurück-
führen. Von solchen Heldentaten kann der moderne Ulrich nur träumen. Er sitzt sonntags im Altenstift an der elektrischen Orgel und grämt
sich, dass er sich gestern schon wieder nicht getraut hat, ▶ **Chiara** aus
dem Siedler-Spielkreis zum Kaffee einzuladen.

♀ URIELLA

Uriella klingt ganz schön durchgeknallt. Wie eine kleine Schwester von *Barbarella*, der Weltraumamazone aus den Sechzigern. Der Name ist eine Neuschöpfung und leitet sich ab von *Uriel*, dem Erzengel, der beim Weltgericht die Tore der Unterwelt öffnet und die Toten vor den Richterstuhl Gottes leitet. Uriella nennt sich die geistige Führerin der Fiat-Lux-Sekte, die regelmäßig das Weltende ankündigt und ihren Mitgliedern Rettung durch Außerirdische in Raumschiffen verspricht. Für Normalsterbliche ziemlich unpassend und absolut außer Konkurrenz.

♀ URSZULA

Nebenform von *Ursula* (was auch kein schöner Name ist), bedeutet «kleine Bärin». Bekannt durch die heilige Ursula, die mit 11 000 anderen Jungfrauen bei Köln den Märtyrertod erlitt. Hier aufgeführt, weil auf einer der gängigen Internetseiten der allerunbeliebteste Frauenname des Jahres 2011. Noch vor, also hinter *Celina-Sue*, *Dannika*, *Yelena*, *Ires*, *Lu* und *Nadiene*. Ein wahrliches Panoptikum der Scheußlichkeiten. Namen des Grauens mit all ihren Falschheiten und willkürlich eingefügten Extrabuchstaben. Diese Namen sind so hässlich, sie scheinen zu schielen.

♂ USHER

Ein Name, der zwar mit dem Erfolg des US-amerikanischen Sängers Usher (* 1978) eine Zeitlang populärer wurde, sich in Deutschland aber seit einiger Zeit zunehmenden Schwierigkeiten ausgesetzt sieht, vor allem seit der strengeren Durchsetzung des Rauchverbots.

♀ UTE

Ute ist die hochdeutsche Form des altsächsischen Frauennamens *Oda*, der verselbständigten Kurzform von Zusammensetzungen mit *Ot-* (althochdeutsch «Besitz/Reichtum»). Ute war im 12. Jahrhundert ein sehr beliebter Frauenname. Danach verschwand er für knapp 800 Jahre von der Bildfläche, bevor er im Zuge der Begeisterung fürs Völkische in den dreißiger Jahren des 20. Jahrhunderts stark an Popularität gewann. Unseligerweise. Doch diese Zeiten sind vorbei, seit den Sechzigern ist der Name zusehends unbeliebter geworden. Wahrscheinlich wird es bei aller aktuellen Begeisterung der Deutschen für ihre alten klassischen Namen noch einige Jahre dauern, bis die germanischen Namen ihr Comeback feiern. Aber Ute kann warten. Ihre Zeit wird kommen.

♂ UTHELM

Uthelm besteht aus denselben Namensgliedern wie *Helmut*, nämlich althochdeutsch *helm* = «Helm» und *oda* = «Gabe», ist nur andersherum zusammengesetzt. So gewinnt der Name noch an Hässlichkeit. Das Spiel kann man mit weiteren Namen spielen: Wie wäre es mit *Fredman*, *Ergünt* oder *Holtbert*? Zum Glück existiert keiner der drei Namen. Zum Pech gilt das nicht für Uthelm.

♀ **VANESSA**

Eigentlich hat Vanessa eine sehr spannende Entstehungsgeschichte. Jonathan Swift, den wir vor allem von seinem Roman *Gullivers Reisen* kennen, erfand den Vornamen 1703, und zwar, um in einem autobiographischen Gedicht die Identität seiner langjährigen heimlichen Geliebten Esther Vanhomrigh zu verschleiern. Er wählte die erste Silbe ihres Nachnamens und kombinierte sie mit der Koseform ihres Vornamens, *Essa*. Dieses Chiffrierungssystem lässt sich prinzipiell auf alle Namen anwenden. Beispiel: Ihre heimliche Affäre Ursel heißt mit bürgerlichem Namen Ursula Schmidt – im Gedicht würden Sie sie also «Schmursel» nennen. Das Prinzip sollte klar sein. Da Sie es verstanden haben, gibt es keinen Grund, anderer Leute Namen zu klauen: Basteln Sie sich doch Ihren eigenen. Und sollten Sie das aus Phantasielosigkeit nicht wollen, tja, dann nehmen Sie statt *Vanessa* lieber *Schmursel*.

♀ **VIGDIS**

Es ist völlig unerheblich, woher dieser Name stammt (Island) und was er bedeutet («Kriegs-Göttin») – wer seine Tochter so nennt, handelt seelisch grausam. So wie die Erwähnung des deutschen Philosophen Immanuel Kant im angloamerikanischen Sprachraum wegen seiner klanglichen Übereinstimmung mit einem sehr bösen englischen Wort noch bei vergleichsweise reifen Erstsemestern zu Kicheran-

Die zehn geschmacklosesten Vornamen deutscher Promibabys

Während sich die amerikanischen Promis durch exzentrische Eigenschöpfungen hervortun, glänzen ihre deutschen Kollegen durch Geschmacklosigkeit. Dabei gibt es für ein paar dieser Unfälle Erklärungen. Verona Pooth zum Beispiel benannte ihren Sohn *San Diego* nach dem kalifornischen Ort, an dem ihr Mann ihr den Heiratsantrag stellte. Heidi Klum und Seal entschieden sich dazu, die Namen ihrer Ahnen in dem des Kindes unterzubringen, und zwar anscheinend alle auf einmal. Wie es Schauspielerin und Tennisspielerfrau Jessica Stockmann (ehemals Stich) allerdings geschafft hat, in den drei Namen ihrer Tochter sämtliche Merkmale des Chantalismus derart beispielhaft zu erfüllen, ist zugegebenermaßen ein Rätsel.

1. Nina Hagen: ♀ **Cosma Shiva**
2. Sarah Connor: ♀ **Delphine Malou**
3. Verona Pooth: ♂ **San Diego**
4. Jessica Stockmann: ♀ **Nicita Caja Florina**
5. Til Schweiger: ♀ **Emma Tiger**
6. Heidi Klum / Seal: ♂ **Henry Günther Ademola Dashtu**
7. Nick Heidfeld: ♂ **Yoda**
8. Uwe Ochsenknecht: ♂ **Wilson Gonzales**
9. Uwe Ochsenknecht: ♂ **Jimi Blue**
10. Uwe Ochsenknecht: ♀ **Cheyenne Savannah**

fällen und Lachkrämpfen führt, wird der Vorname Ihrer Tochter auch bei den weniger grausamen Mitschülern mit absoluter Zwangsläufigkeit dafür sorgen, dass Vigdis spätestens von der sechsten Klasse an das unglücklichste Kind auf der ganzen Schule ist.

♀ VIRGINIA

Vertun Sie sich nicht: Virginia bedeutet keineswegs «die Jungfräuliche», auch wenn man das in Ableitung vom lateinischen *virgineus* vermuten kann. *Vergenia* hieß der Name früher, und was er bedeutet, weiß man nicht. Jedenfalls nicht «unberührt», auch wenn Sie als Eltern einer Tochter darauf gehofft haben mögen.

♂ VOLDEMORT

Aus dem Französischen: *Vol de mort* heißt so viel wie «Dieb» oder «Flug des Todes». Eigentlich ein wirklich schöner, poetischer, wohlklingender und ausgefallener Name. Dummerweise praktisch kaum anwendbar, weil ihn alle immer nur «Er, dessen Name nicht genannt werden darf» oder, noch schlimmer, «Du-weißt-schon-wer» nennen. Und das ist natürlich nicht nur viel weniger schön, sondern vielmehr ausgesprochen unhandlich.

❗ RUMPELSTILZCHEN UND DER PAPST

«Ach wie gut, dass niemand weiß, dass ich Rumpelstilzchen heiß», singt das kleine Männchen lauthals am Lagerfeuer. Wer seinen Namen errät, befürchtet der böse Wicht, erlangt Macht über ihn. Womit er recht hat.

Rumpelstilzchen ist beileibe nicht allein mit seinem Wunsch, ungenannt zu bleiben. Auch der alttestamentarische

Gott, der mit seinem Wort die Welt erschaffen hat, will selber lieber nicht ausgesprochen werden. Sein hebräischer Name JHWH ist ein reiner Schriftname[41] – mündlich wird er immer durch Ersatzworte umgangen. Bei Lesungen in der Synagoge ist das **adonaj**, was «mein(e) Herr(en)» bedeutet, in anderen Zusammenhängen **haSchem**, «der Name».

Den alten chinesischen Kaisern war ihr Name so heilig, dass keine andere Person im Reich so wie der aktuelle Herrscher heißen durfte. Das bedeutete, dass sich bei der Thronbesteigung alle, die seinen Namen trugen, einen neuen auszusuchen hatten. Pingelig war man auch, was die Schreibung des kaiserlichen Namens anging: Er durfte nicht ganz ausgeschrieben werden, bei jedem Schriftzeichen war ein Pinselstrich auszulassen.[42]

Alle drei – chinesischer Kaiser, Rumpelstilzchen und der HErr – haben begriffen: Der Akt des Benennens ist einer der Inbesitznahme. Das gilt nicht nur für Märchengestalten und Götter, sondern auch bei der Benennung des eigenen Kindes, seiner Sklaven oder beim Annehmen des männlichen Nachnamens durch die Ehefrau.

Herrscher oder die, die es werden wollen, machen also tunlichst einen großen Zinnober um ihren Namen und lassen sich im besten Fall gar nicht bei ihm nennen. Die meisten Untergebenen halten sich auch daran. Wenn es beispielsweise in

41 Das liegt nicht daran, dass er nur aus Konsonanten besteht, das ist im Althebräischen so üblich und stellt für Schriftkundige im Normalfall kein Problem dar. Allerdings weiß seit dem 1. Jahrhundert tatsächlich niemand mehr, wie JHWH auszusprechen gewesen wäre, wenn man es überhaupt gedurft hätte. Verwickelt, die Sache.

42 Man hielt sich besser an das Gebot. Als der chinesische Schriftgelehrte Wang Xihou in der Einleitung eines Wörterbuchs dagegen verstieß, fackelte man nicht lange und richtete ihn hin.

der Welt des Harry Potter niemand wagt, den Namen des dunklen Magiers Voldemort auszusprechen, und er stets mit «Er, dessen Name nicht genannt werden darf» bezeichnet wird, geht es um dasselbe Prinzip. Harry Potter ist einer der wenigen, die den Namen unbefangen aussprechen, und der Einzige, der sich ihm entgegenstellen kann.[43]

Harrys Lehrer, Dumbledore, geht sogar noch einen Schritt weiter: Er ruft den mächtigen bösen Zauberer stets bei seinem ursprünglichen Namen Tom Riddle. Schlimmer geht es natürlich nicht. Sie wären ja auch nicht zur päpstlichen Audienz gegangen und hätten Benedikt XVI. mit «Herr Ratzinger» angesprochen (jedenfalls nicht, wenn Sie was vom Papst gewollt hätten. Von Herrn Ratzinger bekäme man bestenfalls eine Empfehlung für ein gutes Café in Freising, aber sicherlich keine Absolution).

Wie wir Namen benutzen und wählen, wirkt sich auf die Beziehung zum Benannten aus. Mit dem Aussprechen eines Namens schaffen wir eine besondere Verbindung. Das gilt nicht nur für religiöse Kontexte: Zu den bekanntesten Flirttipps gehört es, den Namen des Gegenübers beim Gespräch zu verwenden und den Partner in spe damit immer wieder anzureden. Damit stellen Sie eine Verbindung her, und egal wie fest die im Laufe des Abends wird – sicherlich angenehmer als die zu den diversen Fürsten der Finsternis.

---

43 Bei der Angst, Voldemorts Namen auszusprechen, geht es auch um die uralte Furcht, das Böse durch seine Nennung heraufzubeschwören. Es ist betrüblich, dass das Gute, egal wie viel Sie auch beten, sich weniger fix herbeizueilen bequemt als der Beelzebub, der gemeinhin schon auftaucht, wenn Sie seinen Namen auch nur aus Versehen oder zum Spaß aussprechen.

♂ VOLKER

Leitet sich althochdeutsch ab aus *folc* = «Volk» und *heri* = «Heer». Volk-Heer, herzlichen Glückwunsch. Der Hang zum Martialischen ist ja sowieso ein Problem deutscher Vornamen. Wo ist denn mal ein Name wie «Blüte, vom Tau glitzernd»? Gibt es im Deutschen nicht. Stattdessen: *Volkmar* (berühmt), *Volkhard* (stark), *Volkbrand* (flammendes Schwert), *Volkwald* (herrschen). Schön wäre doch *Volkhold*, aber den kriegen Sie beim Amt nicht durch und müssen darüber hinaus jederzeit mit einer Unterlassungsklage Ihres Kindes gegen Sie rechnen.

♀ **WALBURGA**

Den Namen Walburga kennen die Älteren unter uns vor allem von der berühmten Walpurgisnacht. Zur Erinnerung: Es handelt sich hierbei um die Nacht vor dem 1. Mai, und in ihr gehen die Hexen um, hauptsächlich auf dem Brocken. Die namensgebende Walpurga (althochdeutsch *waltan* = walten / herrschen + *burg* = Schutz / Burg) war freilich das Gegenteil einer bösen Zauberin, sondern im 8. Jahrhundert Missionarin und Äbtissin im Kloster Heidenheim. Heutzutage haben die jungen Frauen trotz des umwerfenden Erfolgs der ARD-Serie *Um Himmels Willen* andere Pläne, als ins Kloster zu gehen, und der Name ist entsprechend unbeliebt. Nonne wäre wohl so ziemlich der einzige Job, den eine Walburga noch ergattern könnte – eine Stelle bei einer Medienagentur bekommt sie mit diesem Namen jedenfalls nicht.

♂ **WALDEMAR**

Selten liegen Bedeutung und Klang so weit auseinander wie bei Waldemar, einem Namen aus der allerhintersten Ecke des Dachbodens. Der vordere Teil *wald-* steht nicht etwa für Buchenhaine oder anderes Gehölz, sondern für Herrscher (vgl. *walten, Verwalter*); der zweite Teil *-mar* für berühmt, bekannt. Jetzt aber mal halblang, «Der bekannte Herrscher»? Waldemar? Hand aufs Herz, dieser Name, heutzutage meist schamhaft zu «Waldi» abgekürzt, klingt nach solch unbedarfter Harmlosigkeit, damit lässt sich kein Blumentopf gewinnen, geschweige denn die Weltherrschaft.

Die zehn altmodischsten deutschen Vornamen

Vergessen Sie *Wolfgang* und *Waltraud* – hier kommen die zehn alleraltmodischsten deutschen Vornamen, die in eineinhalb Jahrtausenden deutsch-germanischer Sprachgeschichte aufzutreiben waren. Ein absolutes Gruselkabinett der Namen, das Sie bitte ausschließlich dazu verwenden, sich einen Schauer des Schreckens über den Rücken laufen zu lassen. Denn wer seine Kinder ernsthaft *Giselbert* oder *Notburga* nennen möchte, sollte sich überlegen, ob er seine sadistischen Neigungen nicht besser im Swingerclub des Nachbarorts ausleben sollte.

1. ♀ Dietgund
2. ♂ Erdmann
3. ♂ Giselbert
4. ♀ Hergard
5. ♂ Ildefons
6. ♂ Norfried
7. ♀ Notburga
8. ♂ Ortgies
9. ♀ Himeltrud
10. ♀ Wendela

♀ WENDY

Den Vorname Wendy dachte sich der schottische Schriftsteller James Matthew Barrie aus, so taufte er die Freundin seiner berühmtesten literarischen Figur, Peter Pan. Die Geschichten um das Kind, das niemals erwachsen wird, mögen die Herausgeber Deutschlands berühmtester Pferde-Zeitschrift für Mädchen dazu bewogen haben, ihr Magazin *Wendy* zu nennen. Ein Kind, das nicht altert, ein immer junges Mädchen, das auf ewig Pferde reitet – dieser Name ist zu infantil, um mit ihm reifen zu können.

♂ WERNER

Werner ist ein alter deutscher Vorname und setzt sich zusammen aus germanisch *waro* = «Aufmerksamkeit» und *heri* = «Heer». Der prototypische Werner ist pensionierter Erdkunde- und Physiklehrer, trägt einen schlohweißen Bürstenhaarschnitt und macht mit seiner Ehefrau (diese samt obligatorischem Mecki) ausgedehnte Fahrradtouren. Bei seinen Schülern beliebt, seit er gegen den erklärten Widerstand des Rektors die Garten-AG durchgesetzt hat. Werner steht kurz vorm Aussterben und ist der Letzte seiner Art. Lassen Sie ihn ziehen, Reisende soll man nicht aufhalten.

♀ WOLKE

Deutsch. Bedeutet Wolke. Blöder geht's nicht. Waren das damals schöne Zeiten, als Standesbeamte noch auf Zack waren und jedem, der sein Kind anders als ▶ Christian, ▶ Peter, ▶ Sabine oder ▶ Claudia nennen wollte, erst einmal staatskundliche Nachhilfelektionen erteilten. Sie sollten Ihre postpubertären Kitschphantasien nicht an Ihrer Tochter ausleben, kaufen Sie sich lieber ein Pferd. Oder nennen Sie Ihr Kind doch gleich Regenbogen. Ach, das haben Sie bereits? Entschuldigung.

♀ **XANTHIPPE**

Dieser Name ist natürlich legendär. Nach bisherigem Kenntnisstand wurde er in der gesamten Weltgeschichte nach dem Ableben seiner berühmtesten Namensträgerin, nämlich Sokrates' Ehefrau, kein einziges Mal mehr vergeben! Was für ein schlechtes Image, welch ein Negativrekord! Man muss zu Xanthippes Ehrenrettung aber auch sagen, dass ihr Name wahrscheinlich unter anderem deshalb so in Erinnerung geblieben ist, weil er ungewöhnlicherweise mit einem X beginnt. Nichtsdestotrotz gab selbst Sokrates zu, dass er in Xanthippe eine besonders misslaunige Ehefrau gefunden hatte. Er begründete das damit, dass er – wie ein Reiter, der nicht an einem sanften, sondern an einem wilden Gaul erst wirklich reiten lernt – sich die unangenehmste aller Frauen angelacht hatte, um sicher zu sein, dass, wenn er mit ihr umgehen könnte, er für alle Zeiten gelernt hätte, sich in alle anderen Menschen erst recht einzufinden. Das hielt ihn dann aber nicht davon ab, bei der erstbesten Gelegenheit den Schierlingsbecher zu leeren.

♀ **XENA**

Tiefdekolletierte und insgesamt textilreduzierte Heldin einer Fantasyserie aus den Neunzigern. Der Name geht zurück auf griechisch *xénios* = «gastfreundlich», davon kann aber bei besagter Pin-up-Judoka keine Rede sein. Die Serie ist seit zwanzig Jahren out, der Name bereits seit zweitausend.

Xanthippe und Sokrates, 1655 gemalt von Reyer van Blommendael. Das Bild illustriert die Entstehung von Sokrates' Oneliner «Wenn es donnert, ist der Regen nicht weit»: Xanthippe begießt ihren Ehemann mit dem Inhalt des Nachttopfs.

Bevor die monotheistischen Religionen im Sturmlauf die Welt eroberten, war das menschliche Geschick noch nicht vom rechten Glauben abhängig. Die verschiedensten Gottheiten und Geister machten es den Menschen schwer und waren nicht zuletzt durch ihre bloße Anzahl nicht so leicht zufriedenzustellen und zu besänftigen wie der liebe Gott. Dem genügt im Normalfall ja der wöchentliche Kirchgang, aber in der vorchristlichen Welt wäre es mit Terminen schnell unübersichtlich geworden. Man konnte es wirklich nicht allen recht machen, und manche der Dämonen waren auch so unrettbar böse, dass es keinen Sinn ergab, sich mit ihnen gutstellen zu wollen.

Die Schlimmsten unter ihnen holten sich die Kinder. Was sollte ein solcher Schicksalsschlag auch anderes sein als die brutale Tat eines grausamen Geistes? Die Vorstellung, der Tod eines Kindes sei das letztlich sinnhafte Werk eines gnädigen und gütigen Gottes, war zu sublim; und wer will es unseren Vorfahren verdenken, dass sie auf diesen Kniff noch nicht gekommen waren.

In vielen Kulturen der Welt besann man sich einer List, um die kindermordenden Dämonen irrezuführen: Man bezeichnete die eigenen Töchter und Söhne über ihre Vornamen als wertlos, in der Hoffnung, sie würden dadurch für die bösen Geister uninteressant werden. Die entsprechenden Namen sind zu großen Teilen überliefert und auch erhalten geblieben, in manchen nicht (oder nachlässig) missionierten Weltgegenden wie Zentralafrika oder Asien sind sie sogar heute noch gebräuchlich.

Nicht immer behalten die Kinder diese Namen; in vielen Fällen werden sie nach einigen Jahren, wenn sie aus dem

Gröbsten heraus sind, neu benannt. Aber eine Zeitlang müssen sie schon damit leben, in Vietnam **Bùn** (Dreck) zu heißen oder **Chây** (Laus), **Petayya** (Abfall) in Südindien und **Gober** (Kuhmist) im Norden des Landes. In der Mongolei ist man ein bisschen weniger grob, dort beleidigt man seinen Nachwuchs nicht, sondern versucht die Geister dadurch hinters Licht zu führen, dass man ihm Namen wie **Énebisch** (Dieser ist es nicht) verleiht.

Eine andere Technik der Irreführung benutzten die Turkvölker. Vermuteten die Eltern, von einem Dämon geplagt zu werden, verkauften sie ihr Kind symbolisch an eine andere Familie, um ihm deren Schutz zuteilwerden zu lassen. Viele Vornamen künden von diesem Brauch: Im Nordkaukasus nannte man ein solches Kind **Tölemis**, bei den Tataren **Satïy** (verkauft). Aus der Türkei kennen wir die Namen **Satılmış** (der Verkaufte) für Jungen und **Satı** (Verkauf) für Mädchen.

Am meisten Chuzpe haben aber sicherlich die ostafrikanischen Yao. Der dort immer noch gebräuchliche Mädchenname ▶ **Chotsani** bedeutet wörtlich «Nimm es weg». Tolldreist! Die Eltern benutzen hier umgekehrte Psychologie: Sie vermuten, dass der Dämon ein Kind, das die eigenen Erzeuger ihm anbieten, nicht haben wollen wird. Ziemlich gerissen, aber sehr hoch gepokert. Denn dieser Trick muss auch erst funktionieren. Es ist wie bei der Abseitsfalle: phantastisch, wenn sie klappt, dumm, wenn nicht.

Das Deutsche kennt solche Namen nicht. Hier macht man es sich einfacher: Will man das Interesse der Geister bereits im Keim ersticken, gibt man den Kindern einfach Namen wie ▶ **Manfred** oder **Birgit**. Das ist dann hässlich genug.

♀ YETUNDE

«Mutter ist angekommen» bedeutet dieser schöne Name der nigerianischen Yosuba. Das scheint zuerst seltsam, macht aber Sinn: Der Name wird vergeben, wenn kurz vor Geburt der Tochter ihre Großmutter stirbt. Blöd für den Vater: Da ist er gerade seine Stiefmutter los, und schon ist sie in Gestalt des Babys wieder im Haus. Ärgerlich.

♀ YOKO

Da sich die Menschheit in Rolling-Stones- und Beatles-Fans aufteilt, und diese wiederum hälftig in John- und Paul-Fans, wird ein Viertel aller Ihrer Bekannten den Namen Yoko hassen. Dass er eigentlich ganz niedlich «heiteres Kind» bedeutet, nutzt da auch nichts.

❗ DIE LETZTE ROSE

Nicht überall auf der Welt wünschen sich Eltern einfach nur so ein Kind, ohne dabei gewisse Präferenzen zu haben. In vielen Kulturen steht ein Junge auf der Wunschliste, weil der billiger kommt als ein Mädchen. Häufig entstehen bei der Verheiratung der Töchter enorme Kosten, die die Eltern nur schwer aufbringen können. Die Geburt eines Mädchens ist in vielen Kulturen ein finanzielles Minusgeschäft, die von mehreren Töchtern eine wirtschaftliche Katastrophe.

Deswegen greifen auf der ganzen Welt Eltern zu einigen

Hilfsmitteln, um das Geschlecht des Kindes zu beeinflussen.[44] Nicht alle funktionieren gleich gut. Die männliche Technik, sich wahlweise den linken oder rechten Hoden abzubinden, um einen Sohn respektive eine Tochter zu produzieren, mag für manche eine reizvolle Sexualpraxis darstellen, hat sich aber als wenig zuverlässig erwiesen. Das Gleiche gilt für den tendenziell langweiligeren Brauch, sich nach dem Geschlechtsverkehr auf eine bestimmte Seite zu drehen, um das Wunschkind zu bekommen.[45]

Die geringen Erfolgsaussichten der beschriebenen Praktiken mögen ein Grund dafür gewesen sein, dass viele Sprachen Vornamen kennen, die den Wunsch nach männlichem Nachwuchs ausdrücken. Die entsprechenden Namen haben natürlich die Mädchen zu (er-)tragen. Diese Meinungsbekundung der unfreundlichen Art wird in verschiedenen Kulturen unterschiedlich harsch ausformuliert.

Die südafrikanischen Xhosa äußern ihre Familienplanungswünsche zwar konkret, aber noch neutral: Haben sie ihrer Meinung nach genug Töchter, nennen sie das Kind **Phelishwa**, «das letzte Mädchen». In Aserbaidschan schleicht sich schon ein wertender Unterton ein, dort nennt man eine Tochter, der bitte schön keine weitere mehr folgen soll, **Qızbes**, was «genug Mädchen» bedeutet. Am ungehobeltsten geht man in Georgien vor. Dort äußert man sein Missfallen an der ungewollten Tochter absolut schonungslos und gibt ihr den

---

44 Nicht zu verwechseln mit der *Bestimmung* des Geschlechts. Hier gilt für Frauen die alte Faustregel: Legen Sie vorne zu, bekommen Sie einen Jungen, legen Sie hinten zu, ein Mädchen. Ist das Übergewicht gleichmäßig verteilt, sind Sie einfach fett.

45 Hierbei geht es um die Lage der Frau. Der Mann dreht sich wie gewohnt weg und schläft ein.

Namen ▸ **Arminda**. Der klingt zwar schön, bedeutet aber
«Ich wünsche es nicht».

Dass es auch anders geht, beweisen die Türken. Sie umschreiben ihre Bitte ans Schicksal äußerst poetisch, indem
sie das Mädchen, dem nur noch männlicher Nachwuchs folgen soll, **Songül** nennen. Dieser Name bedeutet «die letzte
Rose». Wenn es dann immer noch nicht hinhaut, wird allerdings auch in der Türkei der Tonfall strenger. Dann hat es sich
mit Rosen, und man greift auf den Mädchennamen **Yeter** zurück. Der bedeutet schlicht und einfach «Es genügt». Und das
ist im wahrsten Sinne des Wortes ganz schön unverblümt.

♀ ZAGORKA

Der Name ist zwar kroatisch und bedeutet schlicht «Frau aus Zagorje», aber finden Sie nicht auch, dass er ein bisschen nach albanischer Domina klingt? Nein? Dann hat der Autor vielleicht ein bisschen in die falsche Richtung recherchiert.

♀ ZDRAVKA

Alles, was recht ist, aussprechbar sollte ein Name schon noch sein. Wir Deutschen sind ja schon konsonantenverliebt und reihen in Wörtern wie «Deutschschweiz» und «Geschichtsschreibung» acht Mitlaute hintereinander, aber was genug ist, ist genug. Das ist nicht quantitativ zu verstehen, denn Zdravka bietet ja nur läppische drei Konsonanten in Folge; aber in der Kombination sind sie eine sprachliche Zumutung, die einem Schalten aus voller Fahrt in den Rückwärtsgang gleichkommt. «Gesund / wohlbehalten» bedeutet dieser zungenbrecherische Unglücksfall eines Vornamens, na dann mal toi, toi, toi. Nicht wundern, wenn die Klassenkameraden Ihre Tochter meiden und lieber mit ▶ **Sabine**, ▶ **Tanja** und ▶ **Anina** spielen, deren Namen können sie nämlich wenigstens aussprechen.

♂ ZESLAUS

Eine beliebte englische Webseite offeriert ihren Nutzern den *German Name Generator*. In Felder trägt man Geschlecht, militärische Einheit und den gewünschten Rang ein, und schon generiert die Maschine authentisch klingende SS-Obersturmbannführer-Namen. Neben solchen wie *Hansjoerg Schroeder*, *Kurt Hudel* und *Lutz Lanz* erfahren wir auch von Raritäten wie *Fridl Oppermann*, *Bern Ropp* und *Zeslaus Gutmann*. Es bleibt offen, warum die Engländer Internetmaschinen bauen, die sich für sie deutsche Soldatennamen ausdenken, aber man darf dankbar für ein paar abschreckende Beispiele sein. Seien Sie also versichert: Suchen Sie als *Kraut* nach einem Namen, mit dem Sie nicht nur in Deutschland, sondern auch auf der Insel richtig schlechte Karten haben, nehmen Sie Zeslaus.

♂ ZIKOMO

Clownartiger, alberner Name. Entstammt der in Malawi gesprochenen Ngoni-Sprache. Sie möchten wissen, was er bedeutet? Bitte sehr: «Danke schön.» Gern geschehen.

♂ ZLATKO

Dieser slawische Name wird für alle Zeiten mit Zlatko Trpkovski verbunden bleiben, dem untergebildeten Kfz-Mechaniker aus der ersten *Big Brother*-Staffel. Was ihn nicht gekümmert hätte, interessiert Sie vielleicht: Zlatko ist die Kurzform von *Zlatomir*, das sich aus den urslawischen Wörtern für «Gold» und «Friede» zusammensetzt. Nennen Sie Ihren Sohn statt Zlatko lieber *Goldfriedel*.

♀ ZÜMRÜT

Zümrüt ist ein Vorname mit zu vielen Üs. Er ist klanglich einfach zu einseitig. Hier ein Satz, der das Problem beispielhaft aufzeigt: Zümrüt mümmelt, dürftig Türkisch übend, übriges Frühstücksmüsli. Wirklich schade, denn der Name bedeutet «der grüne Smaragd», und das ist doch hübsch, oder nücht?

♂ ZVONKO

Das logische Gegenstück zu ▸ **Abigail**. Im Alphabet letzter aussprechbarer originaler Vorname (abgesehen von Albernheiten wie *Zwen* und *Zygmund*). Zvonko bietet sich für alle diejenigen an, die aus eigener oder fremder Erfahrung das Leben als etwas ansehen, vor dem man sich besser drückt. Und mal ehrlich: Wie oft hätten wir uns einen solchen Namen in der Schule gewünscht? Dafür hätten wir sogar einen so üblen Namen wie Zvonko ertragen, der auf Slawisch zwar «Der Klangvolle» bedeutet, aber bei dem man eher an humpelnde Schergen transsilvanischer Höllenfürsten denkt. Aber leider können Sie nie wissen, nach welchem System der Lehrer aufruft. Da heißt das Kind dann also Zvonko Abelmann, und was hat es davon? Die Arschkarte.

Vornamen stehen nicht für sich allein – anders als bei den germanischen Stämmen, die bis ins Mittelalter hinein noch keine Familiennamen kannten und bei denen man einfach **Walther** hieß oder **Hadubrand**, tragen wir heutzutage einen Nachnamen, den wir uns im Allgemeinen nicht aussuchen können. Darum ist es wichtig, bei der Benennung Ihres Babys darauf zu achten, ob in Kombination von Vor- und Nachnamen ein harmonischer Eindruck entsteht. Hier kann einiges danebengehen.

Eine Faustregel lautet: Verzichten Sie auf Endreime. Denn die klingen künstlich und im schlimmsten Fall lächerlich. Schon Alliterationen haben manchmal etwas Gespreiztes, wie sich an **Jette Joop** und **Ben Becker** hören lässt. Echte Reimpaare wirken aber richtiggehend grotesk. Beispiel gefällig? **Isabell Varell** etwa ist der Inbegriff für misslungenen Klang, und das meint nur in zweiter Linie den ihrer Musik.

Auch wichtig: Der Vorname sollte nicht auf einen Laut enden, mit dem der Nachname beginnt, damit die Grenze zwischen beiden stets erkennbar bleibt. **Claude Deckel**, **Volker Rachow** und **Mike Kittler** sind gute Beispiele für ungeschickt gewählte Vornamen.

Zuletzt gilt der Rat: Kombinieren Sie stets Namen unterschiedlicher Silbenzahl! Das gilt bereits bei Zweisilbigkeit, die gedoppelt schnell etwas gewöhnlich klingt. Vor allem bei regelmäßiger Betonung, in diesem Fall auf der jeweils ersten Silbe: **Ilse Müller**, **Gerhard Schröder**, **Udo Jürgens**. Insbesondere aber sollten Sie diesen Grundsatz bei einem einsilbigen Nachnamen beherzigen. Hier stellen Sie als Eltern besser einen mehrsilbigen Vornamen voran. Sonst kommt es zu leicht zu einem derben und plumpen Klang, so zum Beispiel bei **Jens Fick**.

Sind Sie in Eile? Läuft die Frist beim Standesamt ab, und Sie haben sich immer noch nicht entscheiden können? Haben Sie die Befürchtung, im Falle einer Sturzgeburt ganz ohne Namen für das Kind dazustehen? Dieses Buch hat Lösungen für Sie parat. Denn es soll Sie nicht nur vor den größten Fallen warnen, sondern Ihnen ganz zum Schluss auch vier ausgesuchte Namen ans Herz legen, die absolut *immer* gehen.

♀ ALUNA

Aluna klingt wunderschön, und zwar nicht nur im Deutschen, sondern in nahezu allen Weltsprachen. Er weckt Assoziationen an den Mond, ist jedoch kein romanischer Name, sondern entstammt der kenianischen Mwera-Sprache. Sein größter Vorzug ist aber seine Bedeutung: *Aluna* heißt «Komm her» und erweist sich somit bis weit in die Pubertät als außerordentlich hilfreicher und praktischer Name.

♀ RIMA

Sie finden in diesem Buch einige Fälle von Namen, die das Querulantentum des Kindes bereits in ihren Buchstaben beschwören. Der Nachwuchs macht Ihnen schon von allein genug Ärger, da sollten Sie bei Namen wie «Kind, das immer weint» (▸ **Bagula**) oder «lärmend» (▸ **Aldis**) Vorsicht walten lassen. Und tatsächlich geht es auch ganz anders: Rima ist ein apart klingender Name aus dem Baltischen, der litauisch «ruhig sein» bedeutet. Dieser Name plus eine halbe Baldriparan, und der Abend ist gerettet.

♂ BAIRN

Sind Ihnen die bisherigen Vorschläge mit zu viel konkreter Bedeutung aufgeladen, nehmen sie *Bairn*. Hiermit können Sie absolut nichts mehr falsch machen, denn dieser gälische Name bedeutet schlicht und einfach «Kind» und wird immer passen, selbst für den Fall, dass Ihr Sohn sich zu Weihnachten keine Xbox, sondern eine Geschlechtsumwandlung wünscht.

♂ WILLIAM

William ist ein wohlklingender Name, der weder zu ungewöhnlich noch zu alltäglich ist. Ihn trugen und tragen berühmte Persönlichkeiten wie William Shakespeare und der englische Thronfolger Prinz William. Auch unter numerologischen, astrologischen sowie ästhetischen Aspekten ist dieser Jungenname eine erstklassige Wahl.

PS: Zuletzt noch ein allgemeiner Tipp für die Praxis, der für ausnahmslos alle Eltern mit mehr als einem Kind Gold wert sein dürfte. Er stammt von Silvester Stallone, dem man so viel Gewitztheit gar nicht zugetraut hätte. Der Schauspieler kam auf die schlaue Idee, allen seinen drei Töchtern denselben Zweitnamen zu geben. Was erst phantasielos rüberkommt, hat einen praktischen Grund: Will er sämtliche Töchter rufen, muss er nur einen einzigen Namen durch die Villa brüllen – alle drei Mädchen werden kommen!

DANK

Ich danke Susanne Herbert und Eckart von Hirschhausen für ihre Hilfe, Julia Suchorski und Barbara Laugwitz für die freundliche Aufnahme und Betreuung, Bastian Sick für seine Worte und Alessandro Colucci, Miguel Rodriguez, Elisabeth Goos und Lena Labusga für ihren konstruktiven Rat und manche Inspiration!

BILDNACHWEIS

INHALT

LISTEN

KÄSTEN

NAMENREGISTER

Lachen über Niveau

Liebe geht durch den Magen. Aber wohin geht die Liebe, wenn sie durch ist? Geht sie ins Blut, ins Herz oder in die Hose? Eckart von Hirschhausen findet verblüffende Erklärungen für die großen und kleinen Gefühle, die Komik im Paarungsverhalten und die Marotten unseres Miteinanders: Was haben weibliche Flirtversuche auf einer Party mit Fruchtfliegen zu tun und Fernbedienungen mit dem männlichen Jagdinstinkt? Hier können endlich Männer und Frauen über Frauen und Männer lachen!

«Eine Glücksdosis fürs Volk, rezeptfrei in allen Buchhandlungen.» (Stern)

Sb 020/1 · Rowohlt online: www.rowohlt.de · www.facebook.com/rowohlt

rororo 62620